让运动随心所欲

YUNDONG BAOHU
运动保护

尹 飞 编写

吉林出版集团股份有限公司

图书在版编目（CIP）数据

让运动随心所欲：运动保护 / 尹飞编写. —— 长春：吉林出版集团股份有限公司，2013.1
（校园必读丛书 / 李春昌主编）
ISBN 978-7-5534-1403-4

Ⅰ. ①让… Ⅱ. ①尹… Ⅲ. ①运动保护－青年读物②运动保护－少年读物 Ⅳ. ①G819-49

中国版本图书馆CIP数据核字(2012)第316606号

让运动随心所欲：运动保护

编　　写	尹　飞
策　　划	刘　野
责任编辑	李婷婷
封面设计	贝　尔
开　　本	680mm×940mm　1/16
字　　数	130千字
印　　张	9
版　　次	2013年 7月 第1版
印　　次	2018年 5月 第4次印刷

出　　版	吉林出版集团股份有限公司
发　　行	吉林出版集团股份有限公司
地　　址	长春市人民大街4646号
	邮编：130021
电　　话	总编办：0431-88029858
	发行科：0431-88029836
邮　　箱	SXWH001100@163.com
印　　刷	黄冈市新华印刷股份有限公司

书　　号	978-7-5534-1403-4
定　　价	24.80元

目录

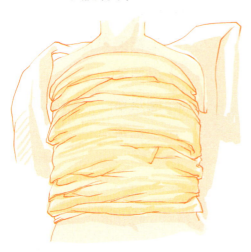

一般外伤

一般外伤主要包括擦伤、割刺伤、挫伤、砸伤、撞伤、夹伤等钝伤，这些外伤是最常见的运动损伤。

导致一般外伤的常见原因

1.环境设计不良、设备设施本身有危险性、玩具用品不安全

青少年活动的场所有障碍物，或游戏设备间距不足，都很容易发生碰撞擦伤；设备用品材质不佳或已生锈损坏，则易造成割刺伤；放置不稳的家具或物品易造成压伤及砸伤；而劣质或破损的玩具更是夹、割、刺伤的重要原因。

2.青少年跑来跑去相互追逐

青少年只顾追跑，很容易碰撞到周边的设备物品，造成碰撞伤。如果设备物品放置不稳，则很容易倒下来造成砸伤或压伤；如果物品破裂或青少年手中有尖锐物，如剪刀、铅笔等，则很容易发生割刺伤。某医学中心就曾处理过一名青少年因奔跑跌倒而将6厘米长的铅笔插进头部太阳穴的案例。

3.青少年使用或把玩工具

生活中使用的工具都具备相当的危险性，如美工刀的利刃、剪刀的尖端、钳子的弹簧夹等。青少年因好奇把玩或模仿成人使用工具，或将工具当玩具，都很容易发生割刺伤。

4.青少年逞强或恶作剧

青少年因好胜逞强，很容易发生砸、压、撞、割、刺等伤害；因同学间开玩笑或恶作剧而发生的此类伤害也不少。青少年玩闹起来往往不知轻重，一旦发生事故，造成的伤害有可能严重到使受害者成为终身残障甚至死亡，而肇事的一方也在心理上造成了永远的负担。

预防原则

①选购用品时要特别注意其边缘和缝隙，买有安全标示的玩具，破损的玩具应及时收起或丢弃。

②到游戏场所玩耍时，应注意场所设计及游具的安全性。

③家具和家电等必须安置妥当，并常做安全检查。

④物品用完就收好，利器用品要有固定的收藏处。

⑤青少年应避免手中有工具或坚硬物品时追逐玩乐。

常见的一般外伤

1.擦伤

（1）表现

擦伤是指由于机械力摩擦的作用（如跌倒、刮碰等），造成表皮剥脱、翻卷为主要表现的损伤，多见于膝关节和肘关节处，表现为伤处疼痛，表面略红肿，有小血珠渗出，创面上常附有沙粒或其他异物。

（2）处理

如果是青少年在奔跑玩耍时不慎跌倒，而致局部皮肤擦伤，这种擦伤伤口较浅，一般不用去医院，只需在伤口上涂些红药水或紫药水。如果创面较脏，可用清水冲洗干净。否则，创面口愈合后，脏东西可能滞留在皮肤里去不掉了。

面部擦伤时应该小心处理，以免对容貌造成影响。擦伤的创面不必包扎，但应注意避免沾水、尘土和其他脏物，以免创面发炎。需注意，如果有砂子、煤渣嵌入皮肤时，应及时用软刷子刷洗创面，使渣屑不能留于皮肤内。

2.割刺伤

（1）表现

割刺伤是指由小刀、钢针等尖锐物品刺戳所造成的创伤，表面看上去伤口不大，但皮内组织，甚至内脏可能损伤严重。

（2）处理

创伤如果不在重要器官附近，可以拔除异物，异物留在体内易化脓感染。拔除时，可用经过灭菌的针或镊子，将异物取出。刺入物堵住伤口能减少失血，拔出后反会大量流血，如果没有把握，就不要随便将刺入物拔掉，需经医生检查后处理。如果被针、金属片等刺伤且留于体内，应到医院摄X线片后取出。伤口应用温开水或生理盐水冲洗干净。对伤口小、出血少的伤口，应在伤口挤压出一些新鲜血液较好。然后用清洁纱布或干净手绢，如果条件有限，则用双手按住伤口四周来止血。用消毒纱布覆盖伤口，再用绷带加压包扎，但不要压住伤口。使受伤部位抬高，要高于心脏。割刺伤多需注射破伤风抗毒素，使用抗生素以预防感染。如果怀疑发生骨折，应立即送医。

3.挫、砸、撞、夹伤

（1）表现

这类伤害是指身体受钝物或重物打击、砸压，引起皮肤和皮下软组织的损伤，表皮大多完整，伤部疼痛、青紫，皮下淤血，肿胀。四肢受伤时常影响运动功能，广泛的、严重的挤压伤可损伤肌肉、神经、血管，甚至因外伤而出现肾衰竭、休克等。

（2）处理

停止受伤部位的活动，抬高患肢。轻微的钝伤，只需外用止痛化淤的药膏。胸腹部和头部的钝伤，要考虑有无内部器官的严重损伤，应及时到医院就医。

肌肉拉伤

什么是肌肉拉伤

　　当肌肉被强烈地收缩或被过度地拉长时，所受的轻微损伤或撕裂，称为"肌肉拉伤"。肌肉拉伤是最常见的运动损伤之一。

肌肉拉伤的原因

　　①在进行体育运动时，由于运动前热身准备活动不充分，肌肉没有完全活动开。

　　②训练的强度过大，使肌肉疲劳或负荷过大，造成肌肉的弹性和力量减弱。

　　③技术动作错误、过难或运动时注意力不集中，动作过于猛烈。

　　④气温过低、湿度太大等。

　　在体育运动中，大腿肌肉和上臂肌肉的拉伤最为常见。

肌肉拉伤的表现

　　肌肉拉伤后，伤者会出现肌肉紧张、发硬、痉挛，受伤部位会疼痛、压痛、肿胀，肌肉不能收缩或伸长。当受伤肌肉进行收缩或被人拉长时疼痛加重；当给一定的力阻碍肌肉收缩时，肌肉疼痛加剧或有断裂的凹陷出现。如果受伤时，伤者出现撕裂样疼痛，肿胀明显、皮下淤血严重，触摸局部有凹陷或可见一端异常隆起者，那么可能为肌肉断裂。

肌肉拉伤的处理

　　如果在锻炼中不幸受伤，请记住一个可以帮助你的英文单词RICE，它实际上代表着：R-休息，I-冷敷，C-加压包扎，E-抬高患肢。

1.休息

休息可避免伤情和疼痛加重。

2.冷敷

用冰块敷受伤部位，或将受伤肢体放入冷水中，使毛细血管收缩，减轻肿胀和疼痛。

3.加压包扎

处理肌肉拉伤时要注意：

①包扎时应先用海绵垫敷伤部，再用弹力绷带包扎，不要过紧或过松。

②早期应该先冷敷，不宜作按摩和理疗，因为按摩和理疗会加重出血和组织液的渗出，使肿胀加重。

4.抬高患肢

加压包扎后，抬高肢体，能起到止血、镇痛、防肿的作用。

肌肉拉伤的预防

预防对于肌肉拉伤来说非常重要。在运动时，青少年应该通过练习，加强易伤部位肌肉的力量和柔韧性，同时充分做好准备活动，合理安排运动量，避免过于激烈的运动，就能达到预防肌肉拉伤的目的。预防肌肉拉伤主要有以下几个方面：

1.训练方法要合理

要掌握正确的运动方法和运动技术，科学地增加运动量。

2.准备活动要充分

许多肌肉拉伤是由于准备活动不足造成的，因此，在运动前一定要做好热身活动。

3.注意运动间隔放松肌肉

在运动时，每组运动之后要充分放松休息，尽快地消除肌肉疲劳，防止由于负担过重而出现的损伤。

4.防止局部负担过重

在运动中，身体某一部位运动量过于集中，会造成机体局部负担过重而引起运动伤。

5.加强易伤部位肌肉力量练习

在运动中，肌肉、韧带等软组织的运动伤最为多见，加强易伤部位的练习十分重要。

抽筋

　　高热、癫痫、破伤风、狂犬病、缺钙等都可引起抽筋，这类抽筋属于全身性抽筋。还有局部性抽筋，如腓肠肌（俗称小腿肚子）痉挛，常由于急剧运动、工作疲劳或胫部剧烈扭拧引起，往往在游泳或睡觉时出现。

小·腿抽筋

1.什么是小腿抽筋

　　小腿抽筋，又称为"腓肠肌痉挛"，主要是指脚心和腿肚抽筋。发作时不仅疼痛难忍，而且还不能活动，常在游泳时发生。如果不及时抢救，常常导致伤者溺水身亡。小腿抽筋一般是在突然进行剧烈运动或腿脚部受冷时，由于肌肉供血不足而引起的，游泳前睡眠不足或未进早餐可能成为诱因。因此，青少年要注意充分休息和营养，在游泳前要做预备体操。

腓肠肌内侧头
腓肠肌外侧头
腓肠肌肌腱
比目鱼肌
跟腱
内踝
外踝
跟骨

小腿

2.小腿抽筋的处理

　　小腿抽筋容易发生在游泳时，如果出现这种情况，伤者一定不要慌张，先深吸一口气，把头潜入水中，像海蜇一样，使背部浮在水中，两手抓住脚尖，用力向膝盖上方拉。这种动作反复几次，肌肉就会慢慢松弛而恢复原状。伤者不要逞强想要上岸，否则往往会适得其反。

如果在日常生活中发生，可让伤者马上休息，将抽筋的腿部伸直（勿让膝盖弯曲），将脚板往伤者身体方向下压。施救者用双手按摩抽筋部位，一定要有疼痛感才算有效。

如果抽筋时旁边没有人，伤者可以将双手撑住墙壁，脚跟不离地，感到小腿筋有被拉直的感觉，进行几分钟后，再放松按摩腿部肌肉。然后用指尖掐压手上合谷穴和上嘴唇的人中穴。合谷穴在手臂虎口、第一掌骨与第二掌骨中间陷处，人中穴在上嘴唇正中近上方处。掐压20～30秒后，疼痛大多会缓解，肌肉会松弛，有效率可达90%。配合用热毛巾按揉，用手按摩，效果会更好。

3.其他部位抽筋的处理

（1）发生抽筋的原因

当运动过度、运动前热身运动不够、发热、缺钙时，青少年易发生抽筋。

（2）抽筋的处理

在抽筋发生的地方轻柔地按摩，对各部位抽筋均有帮助。如果手臂抽筋，只需将其轻轻拉直。当腹部抽筋时，轻轻把腹部垫高拉直腹肌。如果大腿前面抽筋，最简单的方法是采取蹲姿，或轻轻将手腕放在膝盖后方，将腿往后弯曲，使大腿前面的筋拉直。

如果抽筋伴有麻痹和刺痛，应立即送医院诊治。如果抽筋伴有高热，应用冷水浸湿毛巾置于额部、腋窝和腹股沟大血管处，加速人体散热，促使体温下降。

腰扭伤

什么是腰扭伤

急性腰扭伤，俗称为"闪腰"，是常见的运动损伤之一，多因动作不协调、姿势不正确、超限度活动、外力有碰撞等，使腰部的肌肉、韧带、筋膜等软组织突然受到牵拉而超过其弹性限度，导致急性损伤。

腰扭伤的表现

伤者立即出现腰部疼痛，不敢活动，行走困难，严重者甚至卧床时不能翻身。疼痛呈持续性，咳嗽、打喷嚏、排便时疼痛加剧。次日因局部出血、肿胀使腰痛更加严重。也有的伤者只是轻微扭转了一下腰部，当时并无明显痛感，但休息后感到腰部疼痛。

腰扭伤的处理

1.立即休息

伤者立即停止运动，仰卧休息，最好睡木板床，下面加一条垫被，腰下垫一个软枕。伤者不要睡弹簧床，因为过于柔软的弹簧会使腰部发生弯曲，导致损伤加重。

2.按摩

受伤24小时后，可为伤者按摩。按摩时，伤者俯卧，按摩的人用双手掌在脊柱两旁，从上往下边揉边按，至臀部向下按摩到大腿下面，按摩几次后，再在最痛部位用大拇指按摩推揉几次。

3.热敷

扭伤当天不要热敷，以免局部血管扩张，发生渗血和加重水肿。24小时后局部可以热敷。热敷时，用热的盐或沙子包在布袋里，热敷扭伤处，每次半小时，早晚各一次，注意不要烫伤皮肤。

4.涂药

可用红花油、米酒、云南白药等涂抹、按揉患处，以促进局部的血液循环。

腰扭伤的预防

1.腰部避免着凉

要随时注意外来侵袭身体的风邪等危害身体的因素。平日不慎，最易使腰部着凉感染风寒。春末秋初或在寒热交接的季节，夜间睡眠不注意时，将腰部裸露着凉，即使是轻微的动作也会将腰部扭伤，造成腰痛。

2.避免劳累过度

青少年在日常生活中，不要长时间维持一个姿势进行学习或劳动。凡是单一的姿势，长时间不变动，很容易导致肌肉的劳损。在学习和运动时，要注意休息，避免用力过度，造成腰部软组织的损伤或扭伤。

3.避免久坐

青少年久坐桌前学习或久玩电脑时，腰背挺直，时间长了便会腰背疼痛僵硬，不能俯仰和转身。久坐会使骨盆和关节长时间负重，腰部缺少活动，气血容易在腰部凝滞，影响下肢血液循环，从而出现两腿麻木，久而久之还会出现肌肉萎缩。在上述状态下，肌肉僵硬，稍一活动就会扭伤或产生其他损伤。

4.避免生活在潮湿的环境中

寒冷潮湿能使局部组织血管收缩，造成血液供给不足，使肌肉收缩时产生的代谢产物（乳酸）不能及时排出，堆积起来，刺激神经产生腰痛。潮湿不直接引起腰痛，但潮湿比干燥的传热渗透力高23倍，所以穿湿衣服容易着凉受风湿，引起腰痛。要经常晒被褥，及时更换淋湿的衣服，经常开窗通风，保持室内地面的干燥。

5.注意身体锻炼

青少年起居要有规律，经常进行适当的体育运动。如果在日常生活中，每天清晨进行1小时锻炼，天天坚持，身体筋骨会逐渐地强健有力，通过锻炼促进周身血液循环，以强筋壮骨，预防腰部的扭伤。

要注意，发生腰扭伤后应该停止运动，注意休息，一般应坚持3日左右，保证损伤组织充分修复，以免造成慢性腰痛。

跟腱损伤

跟腱的位置

跟腱是人体最粗大、最强壮的肌腱，长约15厘米，主要功能是支持脚的屈伸，是小腿力量传导至足部的最主要的结构。人能够直立、站稳、跑、跳都是依靠跟腱。

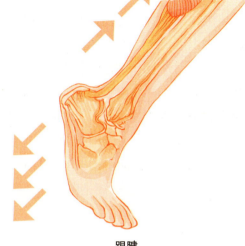

跟腱

跟腱损伤的原因

70%以上的跟腱损伤发生在运动时，伤者多在进行羽毛球、篮球、足球、网球等球类运动或跑步等田径运动。另外，切割伤或刀砍伤也可能引起跟腱损伤。

跟腱损伤的表现

如果单侧跟腱损伤，伤者会觉得跟部像被人打了一棍或踢了一脚，虽然不会有明显的疼痛，但立即出现跛行，以后逐渐出现肿胀淤血。如果双侧跟腱均损伤，则伤者不能行走。我国古代刑罚中的"挑断脚筋"就是指切断因犯的双侧跟腱，使其失去行走功能。

跟腱损伤的处理

当出现跟腱损伤时，伤者一定不要慌张或认为无所谓，而应到就近的医院进行相应的检查和处理。

如果仅是足踝部的软组织挫伤或扭伤，出现肿胀可先冷敷、抬高患肢帮助消肿止痛，待急性期过去后，再用热敷、理疗和跟腱按摩使损伤逐渐恢复。如果跟腱出现断裂，则常采用打石膏固定的保守治疗方式，一般石膏固定4周使跟腱的两个断段接触，自行愈合，但是在此期间，需要严格扶拐行走，患肢绝对不能负重，也尽量避免有小腿肌肉收缩的动作。

即使在保守治疗期间卧床挂拐避免负重，也很难避免小腿肌肉收缩的活动，有时仅仅是脚踝的轻度活动，也会影响断裂跟腱的愈合，所以跟腱断裂后进行保守治疗，跟腱不愈合的几率也非常高，或愈合不佳容易再次断裂。医生建议，如果在条件允许的情况下，跟腱断裂最好的治疗方式是手术治疗，手术后再经过正规的康复训练，一般都能恢复相对较好的运动功能，愈合效果更好。当跟腱损伤恢复后，一定要注意加强功能锻炼，这样才能帮助恢复足部的正常活动功能。

手部肌腱损伤

肌腱起于肌肉，止于骨结构，具有传递力量、拉动手部关节的作用。肌腱具有良好的滑动功能，肌腱损伤将导致手部功能活动的严重障碍。

手部肌腱损伤的发生原因

当手部，尤其是手指的关节受到强大的外力冲击，使手指发生侧屈或外力使手指过伸时，即可引起肌腱的损伤，比如在足球、篮球运动中身体激烈碰撞时的手指的挫伤。

手部肌腱损伤的表现

手部肌腱损伤表现为手的姿势发生改变。如果屈手指肌腱断裂时，则该手指伸直的角度加大，而且主动弯曲手指的功能丧失。如果伸手指肌腱断裂

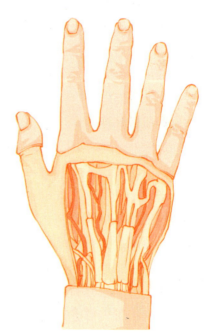

手背部的肌腱

时，则该手指的弯曲角度加大，而且主动地伸直手指功能障碍。

手部肌腱损伤的紧急处理

当受伤后怀疑有肌腱损伤时要遵循以下处理原则：
①受伤的手指不要乱动，要保持平衡的姿势。
②尽快用冰块冷敷伤指，减少肿胀和疼痛感。
③对受伤的手指进行加压包扎，用纱布或弹力指套将受伤的手指缠好。
④将受伤的手指抬高，以促进血液的回流，减少肿胀。

⑤及时到医院就诊。

肌腱损伤的术后护理

一般来讲，肌腱损伤后需要手术治疗，以最大程度地恢复手部的功能。肌腱术后的护理对顺利康复有至关重要的作用。

肌腱损伤修复后遇到的主要问题有两个：

1.二次损伤

手部固定不配合，进而引起肌腱的二次损伤。如果肌腱损伤手术修复后3～4周内，愈合尚未达到满足日常活动的强度，就需要用石膏固定受伤肢体3～4周，待肌腱充分愈合后方可拆除石膏，活动手指。如果早期不配合手部固定，就有肌腱二次损伤的风险。

2.肌腱粘连

肌腱损伤修复后常遇到的另一个问题是肌腱粘连，肌腱修复后功能的恢复最关键的环节就是减轻肌腱粘连的发生。减轻肌腱粘连的方法有许多，例如防粘连生物膜、生物油、生物凝胶等，但迄今为止尚无一种有效的方法能完全防止粘连的发生。最关键的措施还是肌腱损伤后，伤者在早期而正确的修复与保护下得尽早进行正规、系统的功能康复训练。手部肌腱修复后一般应固定3～4周，待肌腱愈合后，解除固定进行功能锻炼并辅以理疗。如果发生粘连，经过3个月左右系统康复治疗仍未改善功能时，可进行肌腱粘连松解术。

手部肌腱损伤的预防

想要避免肌腱损伤，做好准备活动很重要，比如手指要多次伸张，以便让关节和韧带变得柔软。另外，还可以在运动前适当使用保护器具，如用橡皮膏把触球最多的手指关节先缠起来。最后，掌握正确的运动动作以及避免激烈的冲撞，也能避免损伤。

锁骨骨折

人生在世难免出现意外，磕磕碰碰的事时有发生，所以骨折这类疾病高发，而且一旦发生就较为紧迫。

骨折是指当外界所施加的力量已经超过了骨头所能承担的限度，而产生的骨质断裂的现象。骨骼和肌肉的损伤会导致人体活动受到严格限制，而且骨折的种类也极为繁多，如果不清楚相关注意事项，很容易出现二度损伤，加重病情。在日常生活中要注意区分扭伤和骨折，如果发生骨折，应抓紧时间进行治疗。

什么是锁骨骨折

锁骨呈S形结构，位于肩部内侧的浅表皮下，用手可以摸到。当锁骨受到外力作用超过锁骨所能承受的极限时，发生骨质断裂，称为"锁骨骨折"。

锁骨骨折的原因

锁骨位置表浅，易发生骨折，间接暴力造成骨折多见。跌倒时手或肘着地，外力自前臂或肘部沿上肢向近心端冲击，多见肩部着地，撞击锁骨外端易造成骨折，多见于青少年和青壮年。

锁骨骨折的表现

伤处局部肿胀、皮下淤血、压痛或有畸形，畸形处可触到移位的骨折断端。受伤肢体功能受限，肩部下垂，上臂贴胸不敢活动，伤者常用健手托扶患肘。伤者也可能头偏向患侧，下颌转向健侧，用健侧的手托着患侧肘部。

当受伤后肩部疼痛肿胀明显时，伤者应到就近的医院进行检查和相应的处理。X线拍片检查是最常用的诊断锁骨骨折的方法。在治疗锁骨骨折中，不仅要恢复其形态功能，兼顾其美学功能也很重要。绝大多数的锁骨骨折可以不用通过手术来治疗，但对于那些移位明显的骨折，不做手术很难达到良好的治疗效果，就需通过手术来达到治疗的目的。

最常用到的非手术治疗方式是手法复位加以外固定的治疗。当发现锁骨骨折时，可以用长布带或者绷带"8"字固定法（伤者坐位，两腋下各置棉垫，用绷带从患侧肩后经腋下，绕过肩前上方，横过背部，绕对侧腋下，经肩前上方，绕回背部至患侧腋下，包绕8～12层）将骨折的锁骨固定。然后用三角巾或者衣物将前臂悬吊于胸前。固定后应注意观察固定是否过紧，可以通过摸脉搏有无减弱、有无手麻、疼痛是否加剧来观察，如出现这些症状应适当放松至解除症状为止。

锁骨骨折一般需固定4～6周，骨折愈合后，才可以解除固定。固定期间，伤者夜间睡觉时应该平卧木板床，两肩胛骨之间垫以小枕头，使肩部后伸，并且在卧床解除固定期间，应该增加握拳、伸屈肘部和双手叉腰后伸动作。这些均有助于锁骨骨折的愈合和康复。

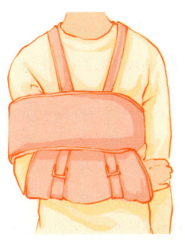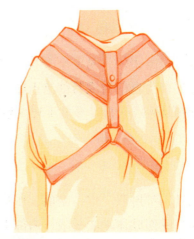

锁骨骨折的固定

前臂骨折

什么是前臂骨折

腕关节和肘关节之间的小臂称为"前臂"，主要由尺骨和桡骨组成。当外力超过前臂骨头的承受范围时，造成尺骨或桡骨的骨质断裂，称为"前臂骨折"。

前臂骨折的原因

前臂骨折多见于青少年，可由直接暴力和间接暴力引起。直接暴力多是由于重物打击、机器或车轮的直接压榨或刀砍伤所致。间接暴力是指跌倒时手掌着地，暴力通过腕关节向上传导，导致前臂骨折。

前臂骨折的表现

前臂受伤后，一般会出现疼痛、肿胀、活动受限、畸形等表现。最常见的前臂骨折，会在腕关节的远端出现银叉样的骨折畸形改变，对明确是否有前臂骨折起到了提示作用。

前臂骨折的治疗

受伤后，一般可采取临时的固定方式。伤者可取一块硬木板或一本书，将前臂和腕关节固定在这些物品的上面，然后用三角巾或毛巾将受伤的上肢固定在前胸。这样既限制了腕关节的活动，也限制了肘关节的活动，临时固定好后应马上到医院进行相应的治疗。

用三角巾固定

前臂骨折在医院一般可根据受伤程度不同采取手法复位固定和手术固定两种方式治疗。无论采取哪种治疗方式术后均应辅以功能锻炼帮助骨折愈合。一般2周后即开始练习手指屈伸活动和腕关节活动。4周以后开始练习肘、肩关节活动，8～10周后拍片证实骨折已愈合，才可进行前臂旋转活动。骨折愈合应增加灵巧度及整体协调功能的锻炼，在日常生活中有针对性地选择一些作业活动进行训练。强度由小到大，难度由易到难。如用锤子训练腕关节屈伸和桡尺偏功能；使用门把手开门，训练前臂旋转；练习梳头和向后背抓痒，训练整个上肢的协调动作，对于前臂的功能恢复都极有好处。

骨折的预防

预防运动发生骨折意外，可以从以下几个方面多加注意：

①长期坚持锻炼。

②多晒太阳，阳光中的紫外线促进体内钙的形成和吸收，维持正常的钙磷代谢，使骨骼中钙质增加而提高骨的硬度。

③不宜到人多车多的地方活动，下雨、下雪或地上积水结冰时不要外出，以免跌倒而发生骨折。

④当遭受损伤后如怀疑有骨折应及时去医院诊治。

⑤在医生指导下积极锻炼未受伤的关节。

上臂骨折

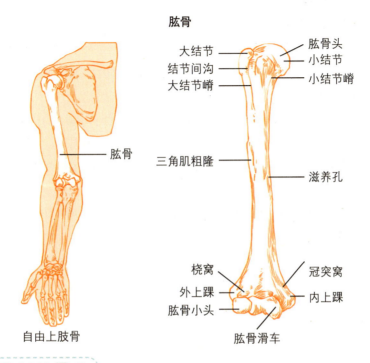

肱骨

大结节
结节间沟
大结节嵴

肱骨头
小结节
小结节嵴

肱骨

三角肌粗隆

滋养孔

桡窝
外上踝
肱骨小头

冠突窝
内上踝

肱骨滑车

自由上肢骨

上臂骨折的原因

　　上臂由肱骨组成。上臂骨折也就是肱骨骨折，可发生于任何年龄，多由直接暴力和间接暴力所引起。直接暴力包括重物撞、挤压击打；间接暴力常见于青少年，如扑倒时，手或肘部着地，暴力经前臂或肘部传至各部位。X线检查可明确诊断，并提示骨折的类型。

上臂骨折的表现

　　肱骨骨折的临床表现主要为局部出现淤斑，骨折处有锐角畸形，患肢较健侧略短，可出现畸形、反常活动、骨擦音，患臂肿痛较剧，甚至出现张力性水疱，有明显的压痛。如果合并神经损伤，则伤者不能握拳或垂腕，各掌指关节不能伸直，手背皮肤感觉麻木，功能丧失。受伤患者常将前臂依附于胸壁。

上臂骨折的治疗

上臂骨折治疗一般分保守治疗和手术治疗两种。保守治疗一般常用手法复位后，用石膏或夹板将患肢外固定，然后将受伤的上肢用三角巾悬吊于胸前。固定时间成人为6～8周，青少年为4～6周。但如果手法治疗失败，或是开放性骨折，以及有上肢合并有大出血或运动感觉功能障碍这类神经血管损伤等情况，则需要进行手术治疗。

上臂骨折治疗后的功能锻炼极为重要，骨折恢复的过程中，应间隔一定时间测量屈伸程度是否增加，稍有增加即为有效。骨折治疗早期一般采取患肢上臂肌用力做主动舒缩活动，但禁做旋转运动，防止再移位；中期，即伤后2～3周，除继续早期锻炼外，应逐渐做肩关节、肘关节活动，如伸屈肩关节、肘关节，旋转肩关节，双臂上举功能锻炼；待骨折愈合后还应继续中期功能锻炼，加以举臂摸头、反臂摸腰或双臂轮转（云手）这类功能锻炼，帮助骨折愈合后的功能恢复。青少年骨折愈合后到成年阶段，要注意是否有小指麻木、手指无力等神经损伤的情况，出现有关症状应及时手术予以治疗。

四肢骨折正确的急救方法

四肢骨折处出现局部迅速肿胀，可能是骨折断端刺破血管引起内出血，先进行冷敷处理，使用冰水、冰块或冷冻剂敷住骨折部位防止肿胀。临时找些木棒等固定骨折处，固定不易过紧，应以不至于松脱为准，并可在局部用干净的消毒纱布压迫止血，压迫止不住，可用止血带环扎伤口的上方止血。如果四肢骨折，应就地取材固定伤处，并尽快送往医院。当大腿或骨盆骨折时，内出血量大，应密切关注伤者的状况。如果腰部单纯性、稳定性骨折，伤者应卧硬板床修养，适当做腰背肌锻炼，对症治疗。对有伤口的开放性骨折，最好先用干净的布片、衣物覆盖伤口，再用布带包扎，尽快送往医院救治，必要时采用布带、绳子捆扎止血，一定要记录捆扎时间，一般不宜超过1小时，以免捆扎时间过长导致肢体缺血坏死。如果将骨折断端或脱位的关节复位了，应给予注明，并在送医院时向医师交代情况。

足部骨折

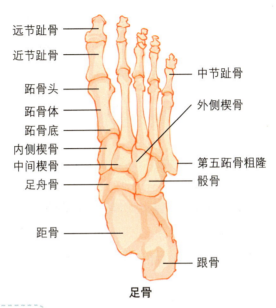

远节趾骨
近节趾骨
跖骨头
跖骨体
跖骨底
内侧楔骨
中间楔骨
足舟骨
距骨

中节趾骨
外侧楔骨
第五跖骨粗隆
骰骨
跟骨

足骨

什么是足部骨折

足部由26块骨头组成，当外伤导致这些骨质出现的损坏，形成破损或断裂，称为"足部骨折"。

足部骨折的原因

足部骨折一般是由于足部骨骼遭遇巨大暴力，产生破坏所致。常见于高处坠地，足跟着地，足强力内翻或外翻，汽车或重物挤压等，多因重物打击足背、辗压或误踢硬物引起。

足部骨折的表现

局部肿胀、疼痛、活动功能障碍是足部骨折最常见的表现，被动活动踝关节时距骨疼痛剧烈，明显移位或脱位时出现畸形。如果是高处坠地足跟受伤骨折时，除足跟疼痛、肿胀、功能障碍外，还可出现淤血斑。严重者会出现足跟足弓变平，足部变长。足弓是足部骨质在足底部形成的弓形结构，具有弹性，能够吸收震荡，负重，完成行走、跑、跳等动作。如果足部骨折破坏了这一结构，导致足弓变平，将出现严重功能障碍。伤者从高处坠下时，如果冲击力量大，足跟部先着地，身体向前弯曲，则容易引起脊柱的骨折，甚至冲击力沿脊柱上传，引起头颅颅骨的骨折和脑损伤。所以，当伤者从高处坠下后，急救者除了注意伤者有无跟骨骨折外，也应注意伤者是否有脊柱和脑的损伤。

足部骨折的治疗

当足部骨折时，最常用的紧急处理方式是取一硬木板，将受伤的脚轻踩于硬木板上，用绷带或毛巾将脚部及踝部固定在木板之上，同时限制足部和踝部的活动，防止骨折损伤加重，然后到医院进行治疗。

石膏、夹板、肢具制动治疗及手术切开复位是足部骨折最常见的治疗方式，一般应以石膏固定6～8周。骨折未坚实愈合前，尽量不要强迫足部支持体重，伤者可以挂拐行走，防止骨折恢复不良或加重。

常见的错误处理方式

①到不正规门诊就医，既花了钱，还耽误了治疗。有的伤者发生了骨折，不去正规医院就诊，反而到了所谓"接骨"的民间游医处治疗。还有的伤者自行购买未经医药管理部门批准的"祖传膏药"。

②受伤后贸然接受推拿或按摩，很可能使本来没有错位的骨折发生错位，造成二次损伤。

③很多人喜欢用热毛巾对伤处进行热敷。其实，这样只会使血管的损伤或肿胀加剧，对后期的处理和恢复都是不利的。

小腿骨折

什么是小腿骨折

小腿主要由胫骨和腓骨组成。当外界施加的外力超过了小腿骨头所能承担的限度时，小腿骨头断裂，称为"小腿骨折"。

小腿骨折的原因

小腿骨折是四肢最常见的骨折之一，常由直接或间接暴力引起。直接暴力多为压砸、冲撞、打击致伤，断裂的骨质常穿破皮肤，形成开放性骨折，容易出现感染。而间接暴力多为高处跌下、跑跳的扭伤或滑倒所致的骨折。

小腿骨折的表现

小腿骨折最常表现为疼痛、肿胀，并可在肿胀部位摸到断裂的骨折断段。当考虑可能出现小腿骨折时，应注意受伤的小腿有没有感觉或是否有脚趾活动的障碍，以及有没有出现皮肤紧张或发凉、肌肉发硬、小腿颜色苍白。如出现这些情况，可能除了骨折外，还有一些其他组织出现较严重的损伤，应马上去到医院进行治疗。

小腿骨折的治疗

外伤后考虑出现小腿骨折应及时到医院就诊。伤者需要把受伤的小腿固定起来，一般可取一块长木板置于受伤的小腿外侧，木板的长度要超过小腿的长度，在小腿和木板间垫一层棉花或毛巾，然后用绷带或毛巾将受伤的小腿固定在木板上，注意不要绑得太紧而影响小腿的血液回流，之后让病人躺或坐在硬木板床上，马上搬运到就近的医院进行相应的治疗。如果附近无法找到长木板的话，可以将伤者受伤的下肢和没受

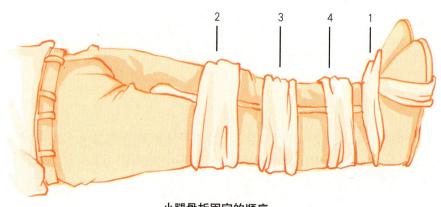

小腿骨折固定的顺序

伤的下肢固定在一起，要在大腿、膝关节和踝关节之间加垫一层棉花或毛巾。到医院后医生一般会根据受伤程度不同采取手法复位后用小夹板或长腿石膏固定或是手术治疗。

骨折伤者的饮食原则

受伤1～2周的伤者，饮食需要清淡、易吸收和消化，应多吃蔬菜、水果、鱼汤、蛋类、豆制品等，尤其要多吃蜂蜜和香蕉等润肠食品，防止便秘。而且，食物的烹饪以清蒸或炖煮为宜，伤者要少吃香辣、油腻和煎炸类食品。

受伤2～4周的伤者，经过一段时间的调养，身体机能有所恢复，食欲和胃肠功能基本恢复正常，此时可以适度补充营养，如骨头汤、鱼类、蛋类、动物肝脏等食物都是不错的选择。同时伤者也要多吃萝卜、西红柿、青椒等蔬菜，可以促进伤口的愈合和恢复。

骨折4周以后，除了那些明显没有益处的食品外，已无需再忌口。但是注意部分病情较为严重的患者饮食规律应该根据病情和大夫的指导作出相应的调整。

大腿骨折

大腿骨折的原因

大腿的骨头又称为"股骨"。大腿骨折多由强大暴力造成，多为直接外力，如汽车撞击、重物砸压、辗压或火器伤等，骨折多为粉碎性，并且骨折移位明显，软组织损伤也较严重。老年人局部骨质疏松脆弱，因间接外力，如下肢突然扭转、跌倒时也可能发生骨折。

大腿骨折的表现

多数伤者均有较严重的外伤史，外伤后合并多处伤或内脏伤的情况也较常见。骨折部疼痛比较剧烈，压痛、胀肿、畸形和骨摩擦音以及肢体短缩功能障碍非常显著，有的局部可出现大血肿、皮肤剥脱、开放伤或出血。X线照片可显示骨折部位、类型和移位方向。检查时必须密切注意合并伤和休克的发生，以及伤肢有无神经和血管的损伤。

股骨骨折常伴有周围软组织严重挫伤，如果急救输送时未做好固定，则骨折断端活动可能反复刺伤周围组织，特别是一些大血管的破裂，可以引起大出血。观察和治疗休克是治疗股骨骨折重要的一环，不可忽略。

大腿骨折的治疗

搬运伤者时，要注意限制其受伤肢体的活动。在搬运时，在伤者受伤一侧肢体外侧置一长木板，上端长置腋下，下端超过足部，然后用绷带或纱布将木板与躯体或双下肢固定在一起，在木板和肢体之间的空隙处加垫毛巾或棉花，然后让病人平卧在硬板床上，制动搬运。如果没有长木板，可直接将病人整体固定在硬板床上，然后将病人迅速转至医院。

大腿骨折在医院一般采取手术和非手术治疗两种治疗方式。下肢因走路和负重，需要高度的稳定性。两下肢应等长，如果长度相差2厘米以上，就会影响走路，出现跛行，相差愈大，影响愈严重。大腿骨折因周围有强大的肌肉牵拉，手法复位后用石膏或小夹板外固定均不能维持骨折对位。因此，必须用持续牵引克服肌肉收缩，维持一段时间后再用外固定。另外，一般需要固定较长时间，待骨愈合牢固后再开始负重，防止因过早负重发生畸形和二次骨折。

发现有不愈合现象的病人，需要进行适当保护和处理，如限制患肢负重、减少患肢活动等，骨折仍有愈合可能。

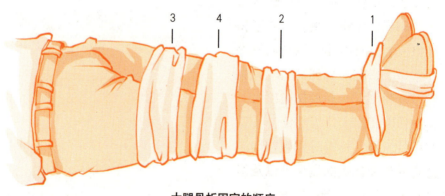

大腿骨折固定的顺序

骨折的饮食原则

1.忌多吃肉骨头

骨折后大量摄入肉骨头，会促使骨质内无机成分增高，导致骨质内有机质的比例失调，对骨折的早期愈合起到严重的阻碍作用。

2.忌偏食

骨折伤者常伴有局部水肿、充血、出血、肌肉组织挫伤等情况，人体本身对这些有抵抗修复能力，而集体修复组织并消肿是需要各种营养素的。

3.忌食不易消化的食物

骨折伤者因固定石膏或夹板而活动受限，加上伤处肿痛，精神忧虑，往往食欲缺乏。所以，伤者的食物既要营养丰富，还要容易消化，易多吃水果、蔬菜。

4.正常喝水

卧床的骨折伤者行动十分不便，为了减少小便次数，常常少喝水。其实，这样伤者活动少，肠蠕动减弱，容易引起便秘，应该想喝水就喝。

5.忌过多使用白糖

伤者大量摄取白糖后，将引起葡萄糖的急剧代谢，碱性的钙、镁、钠等离子参加中和作用，导致钙离子大量消耗，将不利于骨折病人的康复。

骨盆骨折

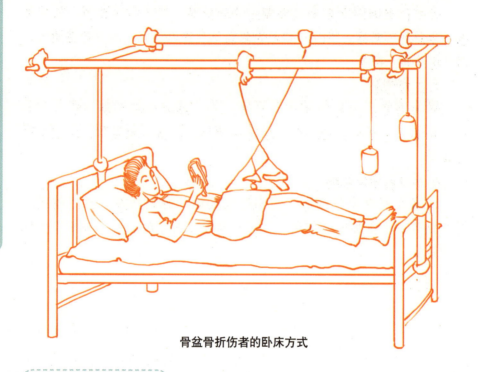

骨盆骨折伤者的卧床方式

骨盆骨折的原因

　　骨盆是指位于躯干及下肢之间的骨性"盆"样结构。骨盆骨折是一种严重外伤，多由直接暴力挤压骨盆所致，多见于交通事故、塌方、高处坠落伤，战时则为火器伤。骨盆骨折半数以上伴有并发症或多发伤。其中最严重的并发症是创伤性失血性休克，及盆腔脏器合并伤，救治不当有很高的死亡率。

　　骨盆骨折主要原因中坠落伤占9%，挤压伤占5%。青少年骨盆骨折发生率为0.5%～7%，较低，其最多见的原因是机动车辆事故、行人被车辆撞伤和高处坠落伤。骨盆骨折伤者死亡率在5%～30%之间。随着社会发展，交通事故和工伤等意外伤害的增加，高能量损伤致骨盆骨折发生率显著增高，严重威胁患者生命。

骨盆骨折的表现

骨盆骨折主要表现为局部疼痛、肿胀，会阴部、腹股沟部或腰部可出现皮下淤斑，下肢活动和翻身困难，患侧下肢短缩畸形。

骨盆骨折的治疗

伤者一般受伤较重，常有较大的内出血，也常因骨折碎块破坏周围组织引起尿道、膀胱或直肠等脏器损伤。对于骨盆骨折的病人来说，早期的急救很重要，要第一时间将病人转送至医院进行治疗。如果抢救者手忙脚乱，抢救步骤杂乱无章，则可能丧失抢救有效时机而导致病人死亡。

骨盆骨折一般应根据全身情况，首先对休克和各种危及生命的并发症进行治疗，待病人的生命体征平稳后，根据伤者受伤程度，采取手术或非手术治疗两种方式。

非手术治疗，即保守治疗，方法很多，最常用的是绝对卧床。卧床可以减少骨盆的活动，减轻骨盆负重，有助于骨折的愈合。另一种常用的保守治疗方式是骨盆束缚带或牵引治疗，可采用悬吊的方式。如果骨盆骨折移位不明显，也可采取手法复位的方法治疗。如果骨盆骨折损伤较重，则一般需要手术治疗。

骨盆骨折伤者一般需要长期卧床，应让伤者勤翻身，拍背排痰，防止长期卧床并发褥疮、肺炎等并发症。同时，伤者在卧床期间还要在医生的指导下进行一些简单的床上下肢训练，这样对于骨盆骨折的愈合和恢复是有好处的。通常骨盆骨折后应在医生指导下逐步下床活动，手术复位固定6周后，可扶拐下地不负重活动，8～12周后可扶拐下地逐步负重活动。如果发生再脱位或骨折的移位，仍需手术或牵引治疗。

骨折后的家庭护理

骨折护理应注意以下几点：

①骨折经复位固定后，要特别注意观察石膏或夹板固定的松紧，以伤者上侧肢体皮肤色泽正常、温暖、无麻木感为宜。如果发现骨折部位

远端的手指或脚趾有血运障碍，即肿胀严重或皮肤发紫，应及时请医生处理。经常检查石膏或夹板边缘的皮肤有无情况，如发红应及时请医生处理。

②骨折后应抬高患肢（用枕头垫起骨折的肢体）促进血液循环，减轻过度肿胀。

③骨折后长期卧床的伤者，睡木板床有利于健康，要注意定时按摩受压的皮肤，定时翻身，防止发生褥疮，还要注意预防尿路感染和呼吸道感染等并发症，一旦发生并发症，应积极治疗。

④伤者加强功能锻炼也很重要，在身体允许的情况下尽早下床活动。不能下床的伤者要在床上做肢体的运动，以促进血液循环，有利于骨折的愈合和功能的恢复。

⑤家人要照顾好伤者的饮食起居，注意加强营养，常吃些高蛋白、富含维生素的食物，以及补充钙质，帮助骨折的愈合。

脊柱骨折和脊髓损伤

脊柱的结构

　　脊柱是人体的中轴，也就是人们常说的"脊背骨"或"脊梁"，是由24块椎骨（7块颈椎、12块颈椎、5块腰椎）、1个骶骨和1个尾骨相互连结而组成"骨高塔"，分为颈椎、胸椎、腰椎和骶尾椎。脊柱有4个生理弯曲，自上而下分别为颈弯、胸弯、腰弯和骶弯。

　　脊柱的每一块椎骨都是由椎体和椎弓两部分联结而成。椎体在前，因所在"脊柱高塔"位置的不同形状有所差异，大体呈圆柱状，是"脊柱高塔"承担重量的主要部分；椎体的后方与椎弓共同围成椎孔，所有椎骨的椎孔连接成一个管道——椎管，是容纳着"人体信息高速公路"脊髓的管道。脊髓上连大脑，下连感受各种刺激的各种感受器和肌肉等。它将感受器接受的各种刺激信号传递给大脑，又将大脑发布的各种"命令"传递到外周，因而脊髓有着"信息高速公路"的重要功能。如果脊髓受损伤或横断，则大脑不能控制横断以下的肢体感觉、运动，即表现为瘫痪。

脊柱骨折的原因

　　脊柱骨折多见于男性青壮年，多由间接外力引起，如高处跌落时臀部或足着地，冲击性外力向上传至胸腰段发生骨折；少数由直接外力引起，如房子倒塌压伤、汽车压撞伤或火器伤。人从高处跌下、塌方、背部被重物撞击，以及汽车急刹车时向前急撞，都可能造成脊柱骨折，甚至下公共汽车时摔倒、颈部被车门夹住，以及翻筋斗时跌伤，都可能产生脊柱骨

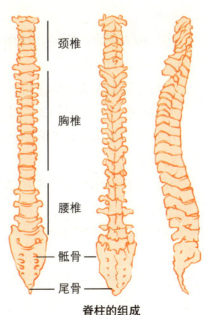

颈椎

胸椎

腰椎

骶骨

尾骨

脊柱的组成

折和脊柱内的脊髓损伤。

脊柱骨折的表现

脊柱骨折的病人大都有或轻或重的外伤史。外伤后脊背局部疼痛，活动受限或不能活动，脊柱外观改变，出现畸形，并且可在受伤处出现压痛，局部皮肤暗红色，出现皮下淤血。

伴有脊髓神经受伤者，可有不完全或完全瘫痪的表现。触摸伤者四肢时，伤者感觉触觉微弱，或没有感觉、感觉消失，有时轻触患者肢体有非常明显的疼痛；伤者的下肢、上肢力量明显减弱，甚至不能运动；伤者出现大小便障碍，不能排尿或不能控制排尿，不能排出大便或不能控制排便；颈椎受伤的伤者呼吸费力，甚至不能呼吸。

脊柱脊髓损伤的处置

1.现场急救

①如果伤者仍被瓦砾或土方等压住时，不要强暴硬拉伤者露在外面的肢体，以防加重血管、脊髓、骨折的损伤，应立即将压在伤者身上的东西搬掉。

②让病人平卧、制动，让伤者两下肢靠拢，两上肢贴于腰侧，并保持伤者的体位为直线。

③对呼吸消失者立即进行人工呼吸，积极抢救。

④立即拨打急救电话120，报告准确的位置，以便医护人员立即赶到。

⑤将伤者身体创口部分进行包扎，冲洗创口，止血、包扎。

2.转运

脊柱骨折的伤者应在现场做好固定，然后采取最快方式送往医院，在护送途中应严密观察。

（1）脊柱骨折者的搬运

脊柱骨折者从受伤现场运输至医院内的急救搬运方式至关重要。搬运时，应严防伤者颈部和躯干前屈或扭转，使脊柱保持伸直。严禁一人抬头，一人抬脚，或用搂抱的方法搬运。这样做十分危险，会增加脊柱的弯曲，将碎骨片向后挤入椎管内，加重脊髓的损伤。脊柱骨折伤员均应置于木板上或担架上固定、搬运。

（2）颈椎骨折伤者的搬运

颈椎骨折伤者应由3～4人一起搬运，一人专管头部牵引固定，保持伤者头部与躯干成直线，其余三人蹲在伤员同一侧，两人托躯干，一人托住下肢，一起起立，将伤员移至硬质担架上，或二三人采用滚动法，使伤员保持平直状态，呈一个整体滚动至木板上，伤者头部两侧用沙袋固定。如果高位颈椎骨折伤者呼吸无力、呼吸浅弱，那么在转送途中必要时要做人工呼吸。

（3）胸腰椎骨折伤者的搬运

搬运胸腰椎骨折伤者时，三人同在伤者右侧，一人托住肩背部，一人托住腰臀部，一人抱持双下肢，同时抬起，将伤者放在硬质担架上。将伤者两侧用枕头、砖头、衣物塞紧，固定脊柱为正直位。

疾病预防

我们在日常生活中，应避免创伤，避免高处坠落或被高处坠落物砸伤，避免交通超速或车祸等。

关节与关节脱位

什么是关节

关节是指相邻两骨借结缔组织囊相连形成的骨联结，囊内两骨间有潜在腔隙和滑液，使两骨能有较大的活动性。

关节的结构

这里所说的关节是指活动关节，如四肢的肩、肘、髋、膝等关节。尽管人体的关节多种多样，但其基本结构均为关节面、关节囊和关节腔。

1.关节面

组成关节的各骨相互接触处的光滑面，称为"关节面"。

2.关节囊

关节囊由结缔组织组成，附着于关节面周围的骨面上，分为内、外两层，内层为滑膜层，薄而疏松，分泌滑液，起到润滑作用；外层为纤维层，结构致密、坚韧。

3.关节腔

关节腔是指由关节软骨和关节囊组成的密闭腔隙。

4.关节软骨

关节面覆盖了一层软骨，称为"关节软骨"。关节软骨覆盖在关节面上，运动时能减少骨之间的摩擦。

5.关节头

关节头由构成关节相对较凸的一侧骨构成，与关节窝紧扣，能够运动。

6.关节窝

关节窝由构成关节相对较凹的一侧骨构成，与关节头紧扣，能够运动。

此外，关节周围有韧带，能增强关节的稳定性。

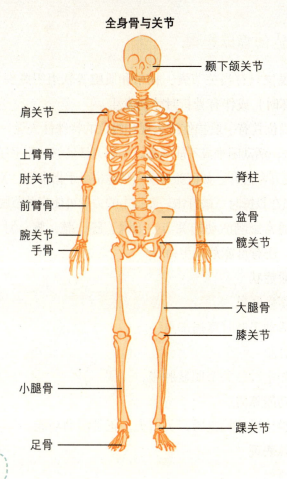

全身骨与关节

颞下颌关节

肩关节

上臂骨

肘关节

前臂骨

腕关节

手骨

脊柱

盆骨

髋关节

大腿骨

膝关节

小腿骨

踝关节

足骨

关节的功能

　　关节周围有许多肌肉附着，当肌肉收缩时，可使关节产生不同的运动，从而使人体产生复杂的运动。关节主要可做伸、屈、外展、内收、环转等运动。

什么是关节脱位

　　关节脱位又称为"脱臼"，是指组成关节各骨的位置发生变化，致使各骨的关节面失去正常的对合关系。脱位可分为先天性脱位、外伤性脱位、病理性脱位和习惯性脱位四种；按脱位程度来分，可分为半脱位和全脱位；按脱位后的时间来分，可分为新鲜脱位和陈旧性脱位（指脱位超过三周以上者）。

关节脱位的临床表现

关节脱位只有当关节囊、韧带和肌腱等软组织撕裂（关节的稳定结构遭到破坏时）或伴有骨折时才能发生。

关节脱位具有一般损伤的表现和脱位的特殊性表现。关节脱位后局部疼痛、肿胀，活动困难或不能活动，如果力量足够，几乎任何骨头都能从其关节处被拉开和碰开。如篮球运动员被球击中手指末端，关节就会脱位；橄榄球运动员在投掷时可被打击，而打击的力量可使肩关节脱位。

脱位通常影响活动的关节，如踝、膝、髋、腕、肘。椎骨的脱位可导致瘫痪，还有可能危及生命。

1.一般症状

（1）疼痛明显

伤者活动患肢时疼痛加重。

（2）肿胀

出血和水肿使关节明显肿胀。

（3）功能障碍

关节脱位后结构失常，关节失去正常活动功能。

2.特殊表现

（1）畸形

关节脱位后肢体出现旋转、内收或外展、外观变长或缩短等畸形，与健侧不对称。关节的正常骨性标志发生改变。

（2）弹性固定

关节脱位后，未撕裂的肌肉和韧带可将脱位的肢体保持在特殊的位置，被动活动时有一种抵抗和弹性的感觉。

（3）关节盂空虚

最初的关节盂空虚较易被触知，但肿胀严重时则难以触知。

关节脱位的处置

立即将脱位侧肢体制动，并临时固定，尽早送医院进行相关检查、治疗，注意在运送过程中不要碰触脱位的上肢或下肢。

到医院后的处置主要为：

1. X线检查

关节正侧位片可确定有无脱位、脱位的类型和有无合并骨折，防止漏诊和误诊。

2. 复位

应由有经验的专科医生进行复位，以手法复位为主，时间越早，复位越容易，效果越好。

3. 固定

复位后，将关节固定在稳定的位置上，使受伤的关节囊、韧带和肌肉得以修复愈合，固定时间一般为2～3周。

4. 功能锻炼

固定期间，应经常进行关节周围肌肉的收缩活动以及患肢其他关节的主动运动，以促进血液循环，消除肿胀，避免肌肉萎缩和关节僵硬。

肩关节脱位

肩关节脱位，又称为"肩关节脱臼"，即组成肩关节各骨的正常位置的改变，使各骨的关节面失去正常的对合关系，从而引起局部疼痛肿胀、外形改变、肩关节失去正常运动功能，主要表现为肩关节不能自主运动、被动运动时疼痛加重。

肩关节脱位的原因

肩关节脱位最为常见，约占全身关节脱位的50%，这与肩关节的解剖结构特点和生理特点有关。肱骨头（关节头）大，容纳肱骨头的关节盂（关节窝）浅而小，周围关节囊松弛，特别是前下方组织薄弱，加上关节灵活、活动范围大，遭受外力的机会多等，导致肩关节成为全身大关节中运动范围最广而结构最不稳定的一个关节，外伤时很容易引起脱位。肩关节脱位多见于青壮年，且男性较多。

1.间接暴力

肩关节脱位多由间接暴力或杠杆作用所致。一般来说，侧方跌倒时，手掌着地，躯干倾斜，肱骨干处于高度外展、外旋位，外力由手掌传达到肱骨，可使肱骨头冲破关节囊的前壁，向前滑出，造成肩关节前脱位；当肩关节前方受到冲击时，可使肱骨头向后冲破关节囊造成肩关节后脱位。

2.直接暴力

暴力直接撞击肩部，如高速飞行的足球撞击肩部、跌倒时硬物撞击肩部等，可使肱骨头向前或向后穿破关节囊而发生脱位。

肩关节脱位的表现

外伤性肩关节前脱位均有明显的外伤史，伤后出现肩部疼痛、肿

肩关节前脱位

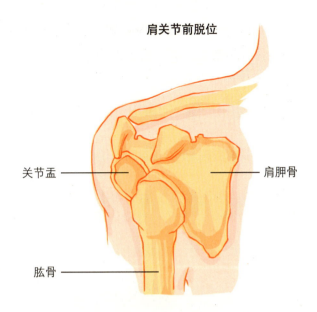

关节盂 —

— 肩胛骨

肱骨 —

胀，甚至出现局部皮肤颜色改变，呈暗红色，皮下淤血，肩关节不能自主运动。

受伤侧上肢呈弹性固定姿势，肘关节屈曲，伤者用健侧手托住患侧前臂。伤侧肩关节外观上失去对侧的圆隆且饱满的外形，局部骨头突兀明显，突出骨头下比对侧空虚。如果受伤侧手掌置于对侧肩膀，则伤侧肘不能贴紧胸壁；如果肘部贴于胸前时，则手掌不能同时接触对侧肩部。触摸受伤者脱位一侧肩部，可发现肩部空虚，在关节的前下方腋窝处、下方或后方可触及异常的圆滑球形硬质物，这是脱位的肱骨头。

肩关节脱位的急救方法

①受伤侧肩关节避免活动，以减轻疼痛。

②用浸有冷水的毛巾，或用毛巾缠绕冰袋冷敷受伤的肩关节。

③将受伤的肩关节进行固定。将患侧肘关节屈曲90度，取两条三角巾，一条用大悬臂带将患肢悬挂于胸前，另一条折成宽带后，包绕患肢后在健侧腋下打结。

④尽快将伤者送往附近医院进行相关检查、治疗。在搬运和转送伤者时，应避免碰撞到患者受伤的肢体，以免加重疼痛。

⑤大部分伤者可以通过手法复位恢复肩关节的正常结构。如果手法复位失败，或合并骨折的伤者，则需要手术治疗。

⑥不管是手术治疗还是非手术治疗的伤者，都要在医生指导下尽早开始适当的功能锻炼。

肩关节脱位的预防

青少年平时在活动和运动时，应注意保护自己，避免跌倒，或被高速飞行物体撞击，加强锻炼，增强自身身体素质，增强肌肉力量，加强自身柔韧性练习。

桡骨小头半脱位

什么是桡骨小头半脱位

桡骨小头半脱位是婴幼儿日常常见的肘部损伤之一，俗称为"牵拉肘"，多发生在5岁以内，其中2～3岁发病率最高，男孩比女孩多见，左侧比右侧多见。脱位后患儿哭闹不止，并且不让触摸患部，不肯活动患肢，特别是不愿活动肘部。一般肘关节无肿胀或

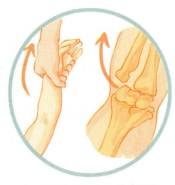

牵引易导致桡骨小头半脱位

畸形，影像学检查一般无阳性表现，一般手法复位多能成功，复位后疼痛立即消失，患儿停止哭闹，并且开始活动患肢，并能以患侧手持物。

桡骨小头半脱位的原因

1.解剖结构因素

婴幼儿的环状韧带发育尚未成熟，较薄弱，在遭受牵拉时环状韧带的远侧端在桡骨颈附着处的骨膜发生横行断裂。婴幼儿桡骨头周径比桡骨颈粗30%～60%，桡骨头横截面并非圆形，而是椭圆形，因此矢状面直径大于冠状面直径。前臂旋前时，桡骨头直径短的部分从冠状面转到矢状面，容易从环状韧带的撕裂处脱出，向下轻微活动，肱桡关节间隙变大，关节囊和环状韧带上部由于关节腔的负压作用，只需滑过桡骨小头倾斜远端一部分关节面就可嵌顿于桡骨关节间隙，从而阻止了桡骨小头复位，造成桡骨小头半脱位。

2.外力因素

脱位常见于大人领患儿单手、牵拉胳膊时，特别是上台阶时，当婴幼儿肘关节伸直位手腕或前臂突然受到旋转动作的纵向牵拉，环状韧带下部将产生横行撕裂，桡骨小头向远端轻微滑动。脱位也常见于用手牵拉婴幼儿腕部走路中跌倒；穿衣服时由袖口牵拉幼儿腕部；婴幼儿在床

上翻滚时身体将上肢压在身下，迫使肘关节过伸等情况。

桡骨小头半脱位的表现

婴幼儿被牵拉受伤后，肘部疼痛，哭闹不止，不让家长及他人触动肘部，不肯使用患肢，特别是不愿屈肘或伸肘。仔细查看患儿可见前臂多呈旋前位、半屈曲，患侧肘关节外侧有压痛，但无明显肿胀或畸形，肘关节活动受限，即使给予患儿平时最喜欢的东西，患儿也不愿用患肢去拿。

桡骨小头半脱位的治疗

出现以上情况，怀疑患儿桡骨小头半脱位时，应将患儿受伤侧上肢用三角巾或宽布带制动，并避免碰触患肢，以减少患儿疼痛，及时送患儿去医院进行相关检查。

桡骨小头半脱位时，X线检查一般没有阳性发现。一般闭合复位多能成功，需要医生进行复位。方法是一手握住患儿的前臂和腕部，另一只手握住患侧肘部，先将前臂旋后，伸肘稍加牵引，拇指压肘前桡骨小头处，屈曲肘关节，必要时前后旋转前臂，可感到复位的响声，患儿疼痛立即消失，停止哭闹，可活动患侧上肢，开始以手持物。有时桡骨头脱位时间较长的患儿，复位后症状不能立即消失，需观察一段时间后才能明确复位是否成功。

复位成功后用三角巾或宽布带于屈肘90度功能位悬吊患肢一周。如活动时疼痛或复发，宜用石膏固定于屈肘90度两周，应注意勿提拉患儿手臂，防止复发。

桡骨小头半脱位的预防

尽量不要单手提拉婴幼儿的前臂或腕部，特别是上台阶时；给婴幼儿穿衣服时应动作轻柔，不可强拉硬拽；注意婴幼儿在床上、草坪上玩耍时避免上肢压在身体底下。4～6岁后婴幼儿桡骨头长大，环状韧带增厚，附着力增强，不易发生半脱位。

肘关节脱位

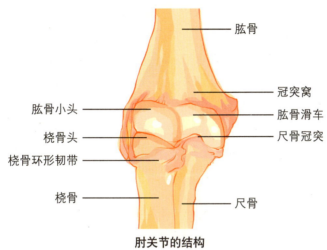

肱骨

冠突窝

肱骨滑车

尺骨冠突

肱骨小头

桡骨头

桡骨环形韧带

桡骨

尺骨

肘关节的结构

什么是肘关节脱位

　　肘关节脱位是由于肘关节稳定结构遭到破坏，使组成肘关节各骨的正常位置发生改变、关节面失去正常对合关系的一种疾病，主要表现为肘关节疼痛、肿胀、功能活动障碍、关节外观畸形等。

　　根据脱位情况不同，肘关节脱位分为前脱位、后脱位与侧方脱位，其中从后脱位最为常见。

肘关节脱位的原因

　　肘关节后脱位多由间接暴力所致。患者跌倒时用手撑地，关节在半伸直位，作用力沿尺骨、桡骨长轴向上传导，使尺骨、桡骨上端向近侧冲击，并向上后方移位。当传达暴力使肘关节过度后伸时，尺骨鹰嘴冲击肱骨下端的鹰嘴窝，产生一种有力的杠杆作用，使止于喙突上的肱前肌和肘关节囊前壁撕裂。肱骨下端继续前移，尺骨鹰嘴向后移，形成肘关节后脱位。这种脱位可合并骨折或尺神经损伤。如果肘关节从后方受到直接暴力，则可产生尺骨鹰嘴骨折和肘关节前脱位。

肘关节脱位的表现

伤者大都有外伤史，摔倒后手掌撑地，或肘部遭受直接暴力。伤后肘关节局部疼痛、肿胀，肘关节不能活动。肘部明显畸形，前臂外观变短，肘后部有明显后突的骨突，肘后部空虚和凹陷。肘后骨性标志关系改变，在正常情况下肘伸直位时，尺骨鹰嘴和肱骨内、外上髁三点呈一直线；屈肘时则呈一等腰三角形，脱位时上述关系被破坏。

后脱位时，肘关节弹性固定于150度左右近伸位，只有微小的被动活动度，并且可感到阻力。合并侧方脱位可呈现肘内翻或肘外翻畸形关节囊空虚，肘后可触及明显的骨性突起，肘前亦可触及明显的硬质骨性结构。

肘关节脱位的急救方法

①让患者平卧，临时固定患侧肘关节，避免伤侧肘关节活动，或受到外力碰触，以免加重疼痛，造成进一步伤害。

②对受伤侧肘关节冷敷，患侧肘关节适当抬高，高于心脏水平，减轻局部水肿。

③及时将患者送往医院进行相关检查、治疗。在转运过程中注意不要碰撞肘部。

肘关节脱位的治疗方法

1.影像学检查

伤者肱骨远端与桡尺骨近端的关节对位关系发生分离。以肱骨远端为标准点，桡尺骨近端向后上方移位为后脱位，向前下方移位为前脱位，向侧方移位为侧方脱位。

2.手法复位

大多数不合并骨折或神经血管损伤的肘关节后脱位均可经过手法复位恢复关节面对合关系，经过一段时间的固定后均能恢复正常。

手法复位多用牵引复位法。在患者臂丛麻醉下，医生一手握住伤肢前臂旋后，使肱二肌松弛后进行牵引，助手作反牵引，先纠正侧方移位，再在继续牵引下屈曲肘关节，同时将肱骨稍向后推，复位时可感到响声，如已复位，关节活动和骨性标志即恢复正常。如果一人操作，可用膝肘复位法或椅背复位法。

复位后，用石膏或夹板将肘固定于屈曲90度位，3~4周后去除固定，逐渐练习关节自动活动，要防止被动牵拉，以免引起骨化肌炎。

3.手术治疗

如果伤者的肘关节脱位合并肱骨内上髁骨折或桡骨小头骨折，肘部损伤严重，合并神经或血管损伤，手法复位失败者，则可通过手术复位，成人可作桡骨小头切除。

肘关节脱位的预防

青少年平时活动和运动时，应注意保护自己，避免跌倒，或被高速飞行物体撞击，加强锻炼，增强自身身体素质，增强肌肉力量，加强自身柔韧性练习。

髋关节脱位

什么是髋关节

髋关节位于大腿根部，是下肢与躯干连接的桥梁，由股骨的股骨头及骨盆的髋臼构成，为多轴性关节，能作屈伸、收展、旋转及环转运动。股骨头深嵌在髋臼中，髋臼又有关节盂缘加深，加之关节囊厚，周围有强韧带加强，与肩关节相比，该关节运动范围较小，稳固性大，而灵活性则相对较小。这种结构特征与人类直立行走，重力通过髋关节传递等机能有关。

什么是髋关节脱位

髋关节脱位是指股骨头与髋臼构成的关节发生移位，关节面失去正常对合关系。髋关节结构稳固，必须有强大的外力才能引起脱位，是一种严重损伤。在脱位的同时软组织损伤亦较严重。且常合并其他部位或多发损伤。因此患者多为活动量很大的青壮年。常见为后脱位，偶有前脱位和中心脱位。后脱位、前脱位也可合并髋臼骨折。治疗不当会引起股骨头缺血性坏死，严重影响关节功能。这种损伤应按急诊处理，复位越早效果越好。

髋关节脱位的原因

后脱位是由于髋关节在屈曲、内收时，受到来自股骨长轴方向的暴力，使韧带撕裂，股骨头向后突破关节囊而造成的。发生交通事故时，病人体位处于屈膝及髋关节屈曲内收，股骨则有轻度的内旋，当膝部受到暴力时，股骨头即从髋关节囊的后下部薄弱区脱出。若髋关节在屈曲和轻度内收位，同样外力可使髋臼顶部后缘骨折，股骨头向后脱位。如髋关节在中立位或轻度外展位，暴力可引起髋臼骨折，股骨头沿骨折处

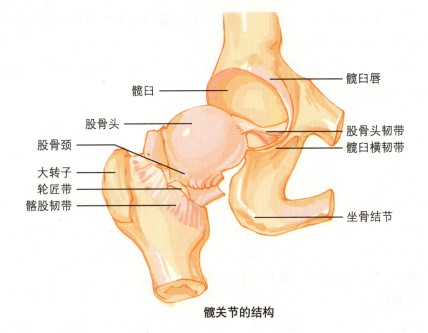

髋臼

股骨头

股骨颈

大转子

轮匠带

髂股韧带

髋臼唇

股骨头韧带

髋臼横韧带

坐骨结节

髋关节的结构

向盆腔方向移位，叫做中心脱位，很少见。如髋关节处于外展位，股骨大粗隆与髋臼上缘相顶撞，以此为支点继续外展，暴力沿股骨头长轴冲击，可发生前脱位。股骨头可停留在闭孔或耻骨嵴处。如在下蹲位，两腿外展，窑洞倒塌时，也可发生前脱位。

髋关节脱位的表现

髋关节脱位前都会受到强大的直接外力伤害，如车祸、高处坠落、房屋坍塌等。

伤后出现大腿根部关节所在区域的疼痛、肿胀，并可见淤斑，大腿活动明显受限，被动活动时疼痛加重。

所见患侧下肢呈不同姿势畸形，并且患侧下肢较对侧健康下肢变短或变长。

可在臀部或大腿根部内侧触及质硬球形物，是脱位的股骨头。

其临床表现依脱位情况而有所不同：

髋关节后脱位时患髋呈屈曲、内收内旋状，患肢缩短，臀部可触到异常隆起的股骨头。

髋关节前脱位时，患髋呈屈曲、外展外旋状，患肢增长，腹股沟三角区肿胀，或可触到股骨头。

髋关节中心性脱位者患髋畸形多不明显，但局部疼痛、肿胀，活动髋部或叩击足跟时疼痛加剧。脱位明显者患肢缩短。

髋关节脱位的处置方法

1.搬运

当怀疑患者出现髋关节脱位时，要使受伤侧髋关节避免活动，以减轻疼痛。有条件的情况下，可给予患部冷敷。尽快将伤者送往附近医院进行相关检查、治疗。注意在搬运和转送患者时，避免碰撞到患者受伤的肢体，以免加重疼痛，最好用担架或平板搬运。

2.复位

有少数脱位会合并髋臼骨折，到医院后必须有X线片确诊，必要时进行CT检查。

对不伴骨折的单纯脱位，一般可以手法整复复位，对于合并骨折者常需手术治疗。早期复位容易，效果也较好。治疗不当会引起股骨头缺血性坏死，严重地影响关节功能。非专业人员或技术不熟练者、未经X线片检查前不能进行手法复位。

复位后可用单侧髋人字石膏固定4～5周，或平卧用砂袋固定患肢使呈轻度外展内旋位，以后可架拐早期活动，但患侧不能负重，待6～8周后，进行X线检查，显示无股骨头坏死时再负重走路。

中心脱位宜用骨牵引维持复位，牵引4～6周。如晚期发生严重的创伤性关节炎，可考虑人工关节置换术或关节融合术。

髋关节脱位的疾病预防

髋关节脱位是由外伤性因素引起的，青少年注意安全，避免受伤是预防本病的关键。

滑囊炎

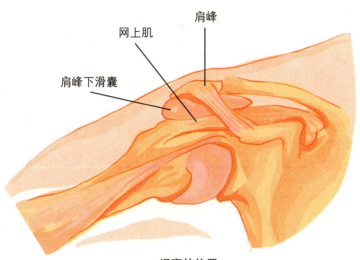

网上肌　肩峰

肩峰下滑囊

滑囊的位置

什么是滑囊

　　滑囊是指封闭的囊状间隙，囊内可以分泌少量液体，称为"滑液"。关节周围结构复杂，活动频繁，滑囊大多位于关节附近的骨突起与肌腱、肌肉、皮肤之间摩擦力或压力较大的地方，主要作用是利于滑动（就像是在大石块上装上了滑轮，既减少摩擦，又可保护绳索不被磨断），从而减轻或避免关节附近的骨隆突和软组织间的摩擦和压迫。滑囊是保护肌肉和软组织等的一种缓冲结构。

什么是滑囊炎

　　滑囊炎是指各种急性或慢性损伤因素导致（伴或不伴有滑囊结构改变）滑囊功能异常，患部疼痛、肿胀，关节活动异常。

　　滑囊炎有急性和慢性之分，以慢性滑囊炎多见，常与职业有关。滑囊炎根据病因和性质不同，分为损伤性滑囊炎、化脓性滑囊炎、结核性滑囊炎、类风湿性滑囊炎、痛风性滑囊炎、化学性滑囊炎等。

1.急性滑囊炎和慢性滑囊炎

滑囊炎主要分为急性滑囊炎和慢性滑囊炎两大类。

（1）急性滑囊炎

急性滑囊炎的主要特征是疼痛、局限性压痛和关节活动受限。异常运动或用力过度之后能出现急性滑囊炎。

（2）慢性滑囊炎

慢性滑囊炎是由急性滑囊炎多次发作或反复受创伤之后发展而成。在关节部位或骨突出部位逐渐出现一个圆形或椭圆形肿块，逐渐长大，并有压痛，以手触之边界比较清楚，并有触水囊时的波动感。因疼痛、肿胀和触痛，患者不愿活动，长期可导致肌肉萎缩和活动受限。

2.临床常见的滑囊炎

临床常见的滑囊炎如下：

（1）损伤性滑囊炎

损伤性滑囊炎较多见，呈慢性，常发生在骨结构突出部位，由长期、反复摩擦和压迫而引起，如久坐可引起坐骨滑囊炎，跪位工作可引起髌前滑囊炎，鞋子过紧可引起跟后滑囊炎等。急性滑囊炎常在慢性滑囊炎基础上突发，损伤力量较大时，可伴有血性滑液渗出。

（2）感染性滑囊炎

感染性滑囊炎是由于感染病灶带来的致病细菌引起的化脓性滑囊炎，出现局部发红、肿胀、皮温高、胀痛等，并可引起周围组织感染，还可出现发热。

（3）痛风性滑囊炎

痛风性滑囊炎易发生于鹰嘴和髌前滑囊，伤者多有慢性损伤史和与致病相关的职业史，有痛风病史，关节附近的骨突处有呈圆形或椭圆形，边缘清楚，大小不等的肿块。急性痛风性滑囊炎疼痛和压痛明显，慢性痛风性滑囊炎则较轻，患肢有不同程度的活动障碍。

滑囊炎产生的原因

滑囊炎最多发生在肩部（肩峰下或三角肌下滑囊炎），其他常见发病部位有尺骨鹰嘴、髌前或髌上、跟腱（跟腱滑囊炎）、髂耻部（髂腰部）、坐骨部、大转子、第一跖骨头（囊炎）等。

滑囊炎可能与慢性劳损、炎性关节炎（如痛风、类风湿性关节炎等）或慢性感染（如化脓性细菌，特别是金黄色葡萄球菌）有关，结核菌很少引起滑囊炎。

1.损伤

部分滑囊炎是直接暴力损伤，如车祸、高处坠落、运动时意外受伤等。有些滑囊炎是慢性劳损，关节活动（关节屈、伸、外展、外旋等）过度，经反复、长期、持续的摩擦和压迫，使滑囊劳损积累导致结构改变，从而出现滑囊炎。

2.细菌感染

细菌感染引发的滑囊化脓感染可以引起滑囊炎，痛风患者可出现肘部和膝关节部位的滑囊炎。

滑囊炎的治疗

1.非感染性急性滑囊炎

伤者暂时休息或患部制动，可用夹板或石膏固定患部。三日内给予肿胀部位冷敷，三日后给予局部热敷，配合理疗，适当应用非甾体类抗炎药。疼痛消退后，应增加主动运动，摆动锻炼特别有益于关节的康复。如果以上治疗无效，可抽出滑液，然后向滑囊内注入肾上腺皮质激素长效制剂，并且加压包扎。

2.慢性滑囊炎

慢性滑囊炎的治疗方法与急性滑囊炎的相同，但夹板固定和休息可能不如对急性滑囊炎有效，可抽出滑液，加强理疗。慢性滑囊炎必须通过锻炼纠正肌肉萎缩，使运动范围和肌力得到恢复。

有感染者需要给予适当的抗生素，引流或切开排出脓液。如果有原发性疾病(如类风湿性关节炎、痛风)，积极治疗原发病的同时，治疗滑囊炎。

预防

1.注意卫生

青少年要加强运动保护，减少关节和滑囊损伤。

2.注意休息

休息是解决任何关节疼痛的首要方法，应让关节得到很好的休息，劳动或运动后要有足够的休息时间。

3.冰敷

急性滑囊炎三日内可以冷敷，以利减轻疼痛与肿胀。

4.热敷和理疗

如果急性肿痛减弱，热已消除，则可以局部热敷，配合理疗。

5.其他

尽量不穿鞋面窄的高跟鞋。

肌肉溶解症

  曾有新闻报道，多名市民因食用小龙虾导致肌红蛋白超标引发了"横纹肌溶解"，一时引发人们的恐慌。那么，什么是横纹肌溶解症呢？

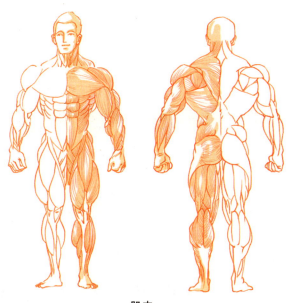

肌肉

肌肉的结构和功能

  人体的肌肉分为骨骼肌、心肌和平滑肌三种，其中心肌和骨骼肌是有横纹的。骨骼肌的主要功能为肌肉收缩产生动力，心肌的主要功能是使心脏收缩而维持血液在人体内循环流动。每一块肌肉都是由单根肌纤维（肌细胞）构成的，而组成每一条肌纤维的主要成分是肌红蛋白。横纹肌溶解症通常发生于与肢体运动相关的骨骼肌。

什么是肌肉溶解症

  横纹肌溶解症是指肌肉遭到破坏时，组成肌肉的基本单位（肌细胞）释放肌红蛋白和其他毒性物质过多，而导致肾损害的一种疾病，俗称为"肌肉溶解"。横纹肌溶解症常发生于肌肉受到大力撞击、长时间压迫或过度使用后。另有少数情况，例如血管阻塞导致肌肉缺氧，以及特殊体质的患者服用某些药物时，也可能引发横纹肌溶解症。这种疾病发病率为1/10 000，可能发生在任何年龄、性别和人种身上，也可能发生在任何对骨骼肌伤害（特别是外伤）的情况下。

导致肌肉溶解的原因

1.运动引起

不科学的运动训练（主要是指长时间过度的单一运动）可导致机体能量耗损造成肌肉组织损伤，多出现于20多岁的年轻人身上。

2.致病药物

许多药物可引起横纹肌（骨骼肌）损害，轻者表现为肌肉疼痛和乏力，重者出现横纹肌溶解症、急性肾衰竭，甚至危及生命。双醋吗啡(海洛因)、美沙酮、巴比妥类和苯二氮类过量致昏迷肌肉受压可发生横纹肌溶解症和急性肾功能衰竭。

（1）降脂药

在服用洛伐他汀、辛伐他汀和普伐他汀等药物的同时，服用环孢素、烟酸衍生物、伊曲康唑、红霉素、克拉霉素、阿奇霉素、米贝地尔等药物患者更易发生肌肉溶解。纤维酸衍生物、长效苯氧乙酸类药物（如苯扎贝特）有引起肾功能损害和横纹肌溶解症的危险。

（2）引起低钾血症的药物

许多引起低钾血症的药物可引起肌肉损害，如两性霉素B、强利尿剂、轻泻剂类、甘珀酸(生胃酮)和长期用甘草酸可引起横纹肌溶解症和急性肾衰竭。

（3）乙醇

急性横纹肌溶解症至少20%与乙醇有关，饮用大量乙醇的健康人可出现肌肉组织学病变。亚临床表现或明显的横纹肌溶解症常见于酗酒者。

横纹肌溶解症的表现

横纹肌溶解症通常发生急性肌肉疼痛、肌肉痉挛、肌肉水肿，触诊肌肉有"注水感"，全身表现为无力、疲劳、虚弱、恶心、呕吐和尿色改变，尿色可为黑色、红色或可乐色。患者可出现短期内体重增加，有的患者还可出现癫痫发作，约1/3的患者发生急性肾衰竭，出现尿量明显减少，甚至没有尿液。

严重肌肉疼痛和横纹肌溶解可出现化验指标的明显异常。早期伴高钾血症、高尿酸血症和高磷酸血症。低钙血症的发生较其他类型肾衰竭更明显，后期可发生高钙血症，并且成为有些病例的特征。

横纹肌溶解症的治疗

在疾病早期，大量补液治疗能够迅速将肌红蛋白等毒素清除出肾脏，以预防病情的恶化。甘露醇等利尿剂能够帮助快速清除肾中的肌红蛋白。

横纹肌溶解症的预防

运动过量打破了人体自身的和谐，甚至比不运动带来的危害更大。为了避免运动过量，青少年在运动时要循序渐进、量力而行，还应拓展运动项目，以免单一运动带来运动疲劳。青少年在服用药物时，应严格遵从医生的医嘱，并定期到医生处进行相关检查，避免滥用药物。

手部关节脱位和韧带损伤

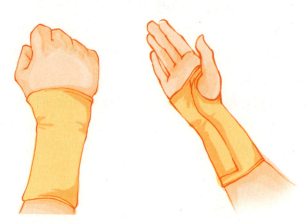

运动中适当使用保护器具可以有效的防治关节损伤

发生原因

当手指受到侧向的外力冲击，使手指关节发生侧屈或外力使手指过伸时，可引起指间关节或掌指关节两侧副韧带、关节囊的损伤，严重时发生韧带断裂、撕脱骨折或关节脱位。

关节脱位的表现

手部关节和韧带损伤时的症状基本相同：
①关节处肿胀或发红。
②关节感到灼热或疼痛。
③关节失去正常的外形，出现反常的畸形。
④关节主动活动和被动活动受限。
⑤如果发生开放性脱位，从皮肤创口处可见暴露的关节结构。

关节脱位的急救方法

①手指在戳伤后，患指不要动，要保持平稳。

②患指尽快用冰敷，降低疼痛感。

③加压包扎，用纱布或橡皮膏将患指缠好。

④抬高患指，如果下垂的话，血液向下流，肿胀会更严重。

⑤及时到医院就诊。

手部关节脱位和韧带损伤的预防

在运动前，做好准备活动很重要，能有效避免手部关节和韧带损伤，例如手指关节多次伸张，可以让关节和韧带变得柔软。另外，可以在运动前适当使用保护器具，如用橡皮膏把触球最多的手指关节先缠起来。最后，掌握正确的运动动作以及避免激烈的冲撞，能避免戳伤。

手部骨折

手部骨折的表现

首先对手部骨折与关节损伤进行详细的检查，局部疼痛、肿胀，以及功能障碍者应怀疑其有骨关节损伤。如果手指明显缩短、旋转、成角或侧偏畸形，以及手指异常活动者则可确诊为骨折。凡怀疑有骨折者应拍摄X线片，以了解骨折的类型和移位情况。医生会检查手部各关节的主动活动情况和关节活动范围。

手部骨折的特点

手部骨折，包括指骨骨折、掌骨骨折、腕骨骨折等。指骨骨折又分为末节指骨骨折、中节指骨骨折、近节指骨骨折。此外，还有一些特殊类型的手部骨折。手部骨折共有的特点为：

①手部骨质小，关节多，解剖比较复杂。

②手部活动灵活、精细、复杂，功能十分重要。

③手部骨折复位容易，但固定难。手指比较细小，容易抓捏、牵引、做手部复位。但由于指骨上有很多肌肉附着点，复位后由于肌肉的牵拉，很容易移位。

④手部骨关节损伤易发生肌腱粘连、关节僵直和畸形愈合。手部一旦骨折，易形成斑痕、血肿肌化等，加上关节多，骨折就在关节附近，易造成关节损伤，非常容易造成屈曲畸形或伸直位畸形。

手部骨折的处理

手部骨折特别要注重早期的正确处理。对于手部的开放性骨折应及时清创，内固定，变开放性骨折为闭合性骨折。急救者要注意早期准确的解剖复位和牢固的固定。固定时应注意手保持在功能位，未受伤的手指不应一并固定。手外伤术后应酌情进行早期的功能锻炼。

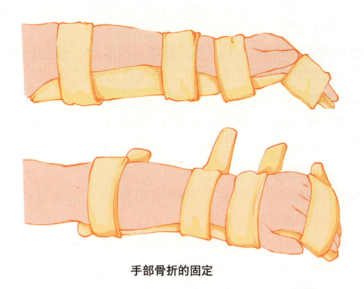

手部骨折的固定

手部骨折的康复

手部骨折后，康复治疗的原则与人体其他部位骨折相同，即准确的复位、有效的固定与合理的功能锻炼。为便于临床康复治疗，骨折康复大致以时间划分为骨折固定期和骨折愈合期两个阶段。

1.骨折固定期

在骨折固定期（早期），持续肿胀是骨折后致残的主要原因，早期康复治疗的重点是消除肿胀、控制疼痛，主要康复手段如下：

（1）抬高肢体

肢体远端必须高于近端，近端要高于心脏平面。

（2）主动运动

主动运动是消除水肿液的最有效、最可行和花费最少的方法。

（3）物理疗法

物理疗法的作用是减轻肿胀疼痛，改善血液循环，促进骨痂形成，减轻粘连，软化瘢痕。

2.骨折愈合期

在骨折愈合期（后期），治疗的主要目的是消除残存的肿胀，软化和牵伸纤维组织，增加关节活动范围，增强肌力和训练肌肉的灵巧度，主要康复手段如下：

（1）物理治疗

物理治疗包括蜡疗、红外线、短波、热敷等，能促进血液循环，改善关节活动范围。采用碘离子导入，能够软化瘢痕，松解粘连。

（2）按摩

按摩一般在热疗后进行，并着重于深推和按压，以牵伸粘连纤维及消除残存的肿胀。

（3）运动锻炼

根据骨痂形成和内固定牢靠程度，患者开始主动运动。

（4）支具和矫形器的应用

骨折应用支具，既能稳定手骨折部位，又提供功能活动，有利于骨折断面的接触，促进更多骨痂生成。

（5）作业疗法

根据骨折后患者具体的功能障碍，从日常生活活动、手工操作劳动和文体活动中选出一些有助于患肢功能和技能恢复的作业治疗。

手部皮肤和软组织损伤

　　手是人类进化的产物，也是创造世界文明的特殊劳动工具，行云流水的演奏、鬼斧神工的雕塑都有赖于完美协调的手部功能。在日常生活中，各种体育运动都需要手的直接或间接的参与，尤其是垒球、排球、篮球和手球等球类运动，这就使手更容易暴露于各种潜在的危险中，擦伤、挫伤、扭伤等情况时有发生。青少年了解运动中手部皮肤和软组织损伤的类型及伤后的急救处理后，在遭受手外伤时，能最大程度保护自己和他人。

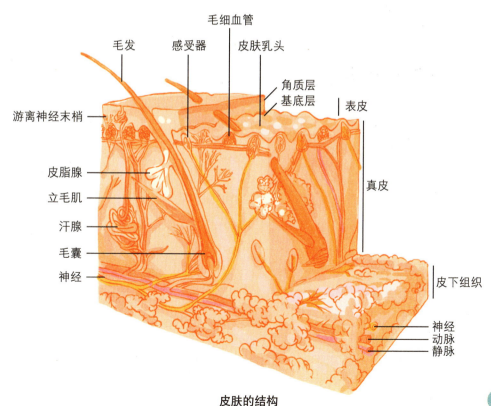

皮肤的结构

什么是手部皮肤损伤

手部皮肤损伤是运动中最常见的手部外伤，多见于跌倒时手部保护性的支撑动作而与地面摩擦所致的皮肤损伤。手指受到侧向外力冲击使手指发生侧屈，或外力使手指反关节运动容易引起关节处的皮肤裂伤。这类损伤往往伴有深部关节、肌腱和韧带的损伤。

手部皮肤和软组织损伤的急救

手部开放性损伤大多伤情不重，对于较表浅的皮肤擦伤，如果创面较脏，可先用清水反复冲洗，洗净创面内残留的污物，再用碘附棉球或医用酒精对创面进行局部消毒。对于较深的皮肤裂伤，深达皮下组织的，经过简单的消毒后要及时自行包扎，以起到减少污染和止血的目的，然后及时到医院就诊。

头皮外伤

头皮位于头颅的表层，颅脑外伤时首当其冲。在颅脑外伤中，多有头皮损伤。单纯的头皮外伤可分为擦伤、挫伤、血肿、裂伤和撕脱伤。

头部的结构

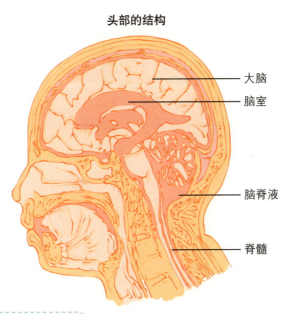

- 大脑
- 脑室
- 脑脊液
- 脊髓

头皮外伤的常见原因

①青少年在进行体育运动时，头部不小心被钝性外力，如被石块、木棒、铁器、体育器械等打伤，外伤处表皮没有明显破损，但是很快起个大包，这就是头皮血肿。

②因致伤物的作用使头皮表层与真皮层分离，这是一种典型的钝器伤。有时也能见于挫裂创或锐器砍创的一侧或两侧创缘，以及枪弹射入口的周围。

③因导致伤害自己的物体的作用，使头皮或（和）头皮下出血或（和）组织挫碎，是一种闭合性皮肤损伤，也是最常见的一种皮肤钝器伤。当头顶受钝器打击或碰撞时，与身体其他部位比较更容易形成挫伤。

④头发被机器卷入，高速运转的钝物切线打击也可以导致头皮外伤。这种外伤容易大量出血，经常伴有休克。撕脱处常在帽状腱膜与颅骨骨膜之间，有时整个头皮，甚至连额肌、颞肌或骨膜一起撕脱。这类损伤失血多，易感染，治疗不及时可危及生命或致颅骨感染坏死。

头皮外伤的处置

小的血肿（即头部小包）可以自行吸收。而大的血肿要到医院进行无菌穿刺，加压包扎。如果头皮裂伤，则需要到医院压迫止血，清理受伤处并且缝合。

头皮撕脱伤，一般可使大块头皮自帽状腱膜下层连同骨膜层一并撕脱，要及时用无菌敷料或清洁被单覆盖头部创口，加压包扎。小心取回被撕脱的头皮，轻轻折叠撕脱内面，外面用清洁布单包裹，要保持绝对干燥，禁止置于任何药液中，随同伤者一起送医院处理。

运送途中，要安慰伤者，并给予少量止痛剂，可以给病人喝开水或盐开水，或由医务人员作静脉补液以防休克，力争在12小时之内将伤者送入医院作清创等处理。

头皮外伤的预防

①青少年在进行户外运动时要特别注意头部不要被石块、木棒、铁器、体育器械等打伤。在选择运动场所时要挑选一个安全的环境，发现飞过来的钝器时要注意避开。

②青少年在嬉戏玩耍时，应注意不要击打头部。头部是人体器官中比较脆弱的器官，在注意保护自己的同时也不要用硬物去击打其他同伴的头部。

③当青少年在工厂的车间，特别是有大型机器的场所时，要特别注意远离机器，最好有家长或者老师的陪同才可以进入工厂车间，以免头部卷入机器导致非常严重的后果。

颅骨损伤

颅骨骨折与脑外伤通常一起存在，分为穹窿部和颅底骨折两大类。颅骨骨折本身的重要性远不及它所引起的继发性脑损伤（脑膜、血管、脑及颅神经损伤）。

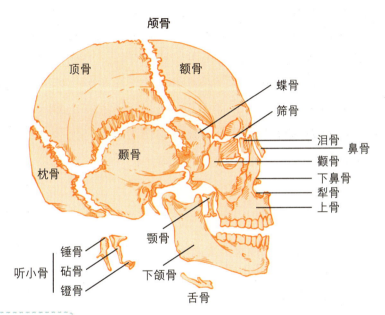

颅骨

颅骨损伤的原因

①青少年在户外运动时，如果不慎因重物击中头部，导致头部骨折，则可能出现"熊猫眼"。

②青少年由于交通事故或从体育器械上坠落、跌倒，头部撞在地面、体育器械或被碾于车轮下，可能导致颅骨骨折。

颅骨损伤的治疗

1. 单纯线形骨折

程度较轻的单纯线形骨折本身不需特殊处理，但是应该由家长或老师陪同到医院进行头部CT检查并且仔细观察伤者的状态，防止颅内血肿的发生。在观察的过程中，应警惕是否出现合并脑损伤。骨折线通过脑膜血管沟或静脉窦所在部位时，要警惕硬脑膜外血肿的发生，需严密观察或CT检查。骨折线通过气窦者可导致颅内积气，要注意预防颅内感染。颅底骨折本身无需特别治疗，着重于观察有无脑损伤、处理脑脊液漏、颅神经损伤等并发症。

2.并发症的治疗

如果有清水从鼻孔中流出，应立即检查是否合并脑脊液漏，需要预防颅内感染。在此期间不可堵塞或冲洗，不做腰穿，应取头高位卧床休息，避免用力咳嗽、打喷嚏，给予抗生素。绝大多数漏口会在伤后1～2周内自行愈合。如果超过1个月仍未停止漏液，可考虑手术治疗，以封闭漏口。伤后视力减退的伤者，可怀疑为视神经受压迫，应争取在12小时内进行视神经探查减压术。

颅骨损伤的预防

①青少年应该避免在危险的环境中活动，如在施工地、马路、车辆居多的繁华地段进行户外运动。老师及家长应该及时带领或告诫青少年远离危险环境。

②青少年在进行体育器械运动时，应做好热身运动，并在器械下铺上软垫，以免不慎跌伤。

③青少年在玩耍时，注意不要用手中的玩具击打对方头部，同时也要注意保护自己。

脑损伤

脑损伤是由硬物猛烈撞击头部所造成的一种严重创伤，死亡率在4%～7%之间，重度脑损伤的死亡率高达50%～60%，可分为闭合性损伤和开放性损伤两大类。

脑的结构

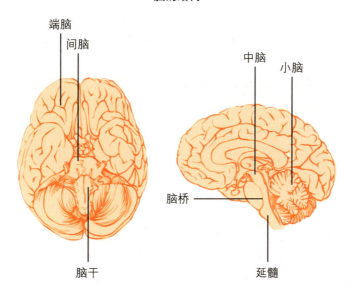

端脑
间脑
中脑
小脑
脑桥
脑干
延髓

脑损伤的常见原因

1.脑震荡

脑损伤多数是由青少年坠落、撞击等外部伤害引起的，脑损伤通常伴随着脑震荡。大家都知道足球比赛是一项激烈而且带有危险性的运动，特别是球员在头球时，速度快、力量大的球会对球员的脑部形成猛烈的撞击，久而久之会对球员的脑部造成极大的损伤。

2.脑挫裂伤

脑挫裂伤是指脑组织的器质性损害，可以是挫伤、裂伤或挫裂伤，是脑损伤的一种，比脑震荡严重一些。

3.脑干损伤

脑干是人的生命中枢，控制着人的呼吸和心跳，脑干损伤是非常严重的。青少年在体育运动时，头部撞击地面或体育器械继而使脑干与颅骨冲撞可导致脑干受伤。此外，青少年在体育运动中，快速而剧烈地转动头部，可使脑干遭受牵拉和扭转而受伤。青少年在运动中从高空坠落双脚或臀部着地的作用力传导到颈部，也可引起脑干损伤。

脑损伤的治疗

1.脑震荡

脑震荡是脑损伤当中较轻的一种。一般认为脑震荡是脑功能的一时性紊乱，而无明显的器质性损伤。伤者的意识障碍常在半小时之内恢复，清醒后会有嗜睡、头痛、头晕、心悸，以及不能记忆受伤当时或伤前一段时间的情况。伤者健忘时间的长短可提示脑受伤的轻重。伤者应该卧床休息一周，服用镇静和镇痛药物，生活要有规律，适当地进行体育活动有助于伤者的恢复。有些伤者在伤后很长一段时间内，存在自主神经症状，旧称"脑震荡后遗症"，现在称为"脑震荡后综合征"或"脑震荡后植物神经功能紊乱"。

2.脑挫裂伤

脑挫裂伤比脑震荡严重，而且持续的时间长。

（1）脱水疗法

这种疗法应选用脱水药物，如甘露醇等。

（2）激素疗法

这种疗法一般采用激素和脱水药并用，对减轻脑水肿有效。

（3）巴比妥疗法

这种疗法可以保护脑细胞功能，减低需氧量，减轻脑水肿，需配合应用颅内压监护装置。

（4）颅内压监护

在有条件时应用颅内压监护，能指导治疗，对提高治疗率、降低死亡率有很大的作用。

（5）手术

怀疑有颅内血肿或有严重脑水肿颅压高不能缓解的患者，应采用手术探查，有血肿的立即清除。如果严重脑挫裂伤伴脑水肿，则可吸除液化坏死的脑组织，并行去骨瓣减压术。

3.脑干损伤

脑干损伤一般很严重，死亡率很高。一旦发现伤者颅内血肿，应立即手术。如果不及时处理，则脑干会出血、坏死、软化，造成不可逆的损害。

脑损伤的预防

①青少年在运动时，不要用头部猛烈地撞击比较坚硬的物体，如足球、篮球、排球或者头撞头等。特别是在进行足球运动时，不要一时冲动用头部猛烈撞击足球。

②青少年千万不要随意从高处下落，以免伤害到脑部，造成非常严重的损害。

③青少年在户外运动时，应避免在车辆多的地方玩耍，以免与汽车等发生碰撞。

颅内血肿

颅内血肿是指颅脑损伤引起的颅内出血，血液积聚在颅腔的一定部位，形成占位性病变，颅腔的容积固定，四周为坚硬的颅骨。硬脑膜外的血肿称为"硬膜外血肿"；硬脑膜内的血肿称为"硬膜下血肿"。

颅内血肿

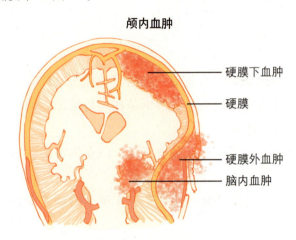

硬膜下血肿

硬膜

硬膜外血肿

脑内血肿

发生颅内血肿的常见原因

1. 环境

环境不安全，设备设施本身有危险。青少年游玩的场所有障碍物，很容易发生碰撞或撞击，放置不稳的家具或物品也易造成头部砸伤。

2. 玩耍

青少年玩耍时只顾追跑，很容易摔倒撞伤头部。如果青少年手中有硬物，如石头、钳子等，用其互相打闹，则易造成头部损伤。

3. 交通安全

青少年在过街时不遵守交通规则，导致交通事故，也易导致受伤。

4. 营养

维生素C的缺乏可以造成血肿。青少年应注意补充维生素，多吃水果、蔬菜等有营养的食物。

颅内血肿的处理

1.硬膜外血肿的治疗

急性硬膜外血肿伤者应立即送医院急诊手术。伤后无明显意识障碍，病情稳定的伤者需进行CT扫描，如无明显手术指征，可以在密切观察病情的前提下进行非手术治疗。

2.硬膜下血肿的治疗

慢性硬膜下血肿的伤者，有明显症状者应立即送往医院，进行手术治疗。这种血肿，青少年少见。

急性硬膜下血肿的患者与硬膜外血肿的治疗相似。硬膜外血肿多见于着力部位，而硬膜下血肿既可以见于着力部位，也可以见于对冲部位。

颅内血肿的预防

①青少年选购玩具或用品时不要选择较硬较沉重的玩具，要选择有质量保障的玩具，以免其爆炸弄伤头部。

②家具和家电的摆设要放在稳固的位置，并常做安全检查。

③青少年到游戏场所玩要时，应注意场所设计和游具的安全性，不要玩一些危险性大的娱乐设施。

④青少年应避免手中有工具或坚硬物品时追逐玩乐，互相打闹。

颞骨骨折

颞骨位于头颅两侧，是坚硬的骨质结构，外耳道骨部、中耳、内耳和内耳道均包含于颞骨内。颞骨受外力后，其正常结构受到损害，失去正常连续性。

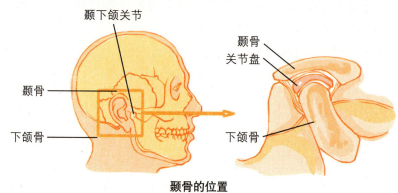

颞骨的位置

颞骨骨折的原因

颞骨骨折由运动时头部受外力所致，如果硬物撞击枕颈部，则导致颅底骨折，也可伤及颞骨，进而引起一系列病理症状。

颞骨骨折的表现

颞骨骨折往往有不同程度的颅脑外伤症状，如头痛、头晕、眩晕、昏迷、休克等。颞骨骨折常引起外耳道及鼓膜破裂，外耳道有血液流出，也可见血液自鼻腔和咽部流出。损伤涉及中耳时，可导致听力下降或耳鸣。如果有硬脑膜撕裂伤，则脑脊液可经鼓室或鼓膜损伤处流于外耳道，也可见口眼歪斜等面瘫症状。

颞骨骨折的处置

如果青少年在运动中不幸受伤，一定不要慌张或害怕，应冷静采用正确的方法减轻疼痛，避免受到更大的伤害。

①受伤后立即平卧休息。

②清洁外耳道积血和脏物，禁止局部滴药或外耳道填塞。

③出血严重者可用无菌凡士林纱条或碘仿纱条填塞。

最重要的是要及时到医院看病，让医生来处理。

颞骨骨折的预防

预防在运动中受伤非常重要。如果我们能避免任何可能导致颞骨受外力的情况，颞骨骨折的发生将会大大地减少。预防颞骨骨折主要有以下几个方面：

①在运动时做好防护工作，可佩戴相关防护器材，如安全帽等，学会保护自己。

②充分衡量自己的运动能力，不参加危险活动。

③控制自己的情绪，不打闹。

颞颌关节脱位

颞下颌关节，简称为"下颌关节"，是面部唯一的左右双侧联动的关节，具有一定的稳定性和多方向的活动性。关节的主要功能与咀嚼、吞咽、语言、表情等重要活动有关。

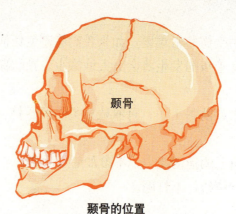

颞骨

颞骨的位置

什么是颞下颌关节脱位

颞下颌关节脱位俗称"掉下巴"，是指组成关节的骨头运动时超过正常限度，不能自行恢复，位置发生改变，导致口半开、不能自如张合、语言不清、口流唾液、吞咽困难、咬食不便等表现的疾病，可在不受任何外伤时发生。

脱位发生在两周以内的，称为"急性脱位"；脱位超过两周以上的，称为"陈旧性脱位"；脱位反复发生的，称为"习惯性脱位"。

颞下颌关节脱位的原因

1.急性前脱位

（1）内源性因素

突然张口过大，如大笑、打呵欠；张口过久，如做口咽部检查或手术时，使用开口器过度；使关节过度运动等，均可发生脱位。

（2）外源性因素

在开口状态下，下颌部受到外力的打击，手术麻醉时经口腔气管插管，进行喉镜和食管内镜检查，使用开口器，新生儿使用产钳等，用力不当使下颌开口过大，均可致下颌关节脱位不能自行回复。关节囊和关节周围韧带松弛、习惯性下颌运动过度、下颌快速运动等都可增加前脱位的危险。

2.复发性脱位

急性前脱位治疗不当，可出现反复性或习惯性脱位，内部出现反常运动，并且关节运动与咀嚼肌失去协调性。

3.陈旧性脱位

急性前脱位未及时治疗，长期处于颞下颌关节脱位状态，关节复位更加困难。

颞下颌关节脱位的表现

颞下颌关节前脱位时，可在耳屏前方看见并可触及明显的三角形凹陷区域。在单侧脱位时，下颌前伸并向对侧偏斜，除患侧后牙可能早接触外，其余上下牙列的牙齿不能正常对合，伤者面部加长。伤者张、闭口受限，患侧关节区、咀嚼肌疼痛，不能咀嚼食物，吞咽、语言、表情均受到影响，言语不清，唾液外流不能控制。

急性前脱位好发于女性，发病较急，症状典型。复发性脱位时，伤者反复出现急性前脱位的症状，不敢张大口，复位较容易，伤者可自行手法复位。陈旧性脱位的临床表现与急性前脱位相似，但颞下颌关节和咀嚼肌无明显疼痛，下颌有一定的活动度，可进行开闭口运动。

颞下颌关节脱位的处置

首先是关节制动，尽早送医院，进行相关检查。如果不合并骨折，尽早手法复位；如果合并骨折，则需手术治疗。

1.手法复位

伤者低位端坐，头靠椅背或墙壁，下颌牙的咬合面应低于医生两臂下垂时的肘关节水平。医生站于前方，双手拇指（可包以纱布）向后分别放在两侧下颌磨牙的咬合面上，其余手指握住下颌体部。复位时嘱伤者放松肌肉，医生两拇指逐渐用力将下颌骨体后端向下加压，余指将颏部稍向上抬。当髁状突下降至低于关节结节平面时，顺势将下颌骨向后推动，髁状突即可滑回关节凹面复位。复位后立即用头颌绷带固定，限制张口活动两周左右。

2.关节囊内硬化剂治疗

采用复发性脱位手法复位效果不好的伤者，可进行关节囊内硬化剂治疗，或在关节内镜下行关节囊壁以及关节盘后组织的硬化剂注射治疗。以上方法如效果不好可进行手术治疗。

3.手术治疗

采用陈旧性脱位手法复位效果不好的伤者，可在关节内镜下进行关节复位，或手术治疗。

预防

①避免情绪激动出现大笑，避免突然张大嘴。
②进行口腔、咽喉部检查时避免过度开口。
③避免下颌部直接外伤。

眼钝挫伤

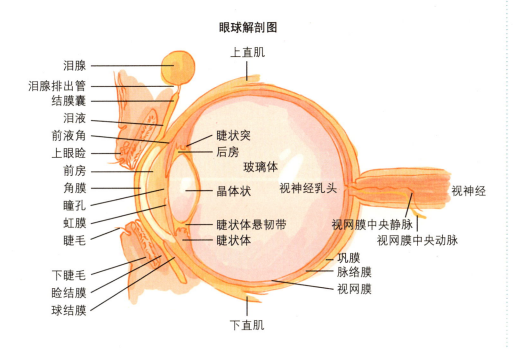

眼球解剖图

泪腺
泪腺排出管
结膜囊
泪液
前液角
上眼睑
前房
角膜
瞳孔
虹膜
睫毛
下睫毛
睑结膜
球结膜

上直肌
睫状突
后房
玻璃体
晶体状
视神经乳头
睫状体悬韧带
睫状体
巩膜
脉络膜
视网膜
下直肌

视神经
视网膜中央静脉
视网膜中央动脉

什么是眼钝挫伤

　　眼钝挫伤由机械性钝力引起，可造成眼及眼附属器的损伤，引起眼内多种结构的病变。

眼钝挫伤的原因

　　拳头、砖石、球类、跌撞、交通事故以及爆炸的冲击波，是眼钝挫伤的常见原因。除在打击部位产生直接损伤外，由于眼球是个不易压缩的球体，击打力在眼内各种组织结构的传递，也会引起眼内多组织的间接损伤。

眼钝挫伤的类型

　　眼钝挫伤根据损伤部位的不同，可分为以下几种类型：

1.角膜挫伤

这种挫伤伤者出现明显疼痛、怕光和流泪，有时会出现视力下降，可涂抗生素眼药膏后包扎，促进角膜损伤愈合。

2.虹膜睫状体挫伤

这种挫伤临床上比较常见，可发生于任何人。表现为虹膜与瞳孔异常，如瞳孔变大、瞳孔对光的反应消失和瞳孔变形等，还可出现前房积血，即眼前出现血遮挡感。

3.晶状体挫伤

这种挫伤主要表现为晶状体混浊和脱位，看东西重影或模糊不清。

4.玻璃体出血

玻璃体出血由睫状体、视网膜或脉络膜的血管损伤引起。少量出血时，伤者可能不能自行察觉，或仅有"飞蚊症"。出血较多时，伤者发觉眼前暗影飘动，或似有红玻璃片遮挡，反复出血的伤者可自觉"冒烟"，视力明显下降。

5.脉络膜裂伤

伤者眼前有黑影飘动，视力下降。

6.视网膜震荡和挫伤

挫伤数小时后，伤者感到视物不清、视物变形等。

7.视神经挫伤

这种挫伤是由额头或眉毛处受击伤而引起视神经水肿，或由骨折直接损伤视神经，而引起的视力障碍或失明。

8.眼球破裂

眼球破裂是由严重的钝挫伤所致。常见于角膜和巩膜交接处，巩膜破裂可在眼部肌肉之下。伤者眼内压力大部分降低，即眼球变软，前房和玻璃体出血，角膜形状改变，眼球不能向破裂方向运动，视力几乎失明；肌肉下或眼球后面的破裂，外部检查不容易发现。

9.眼睑挫伤

伤者常有眼皮下出血或肿胀，也可有眼皮肤裂伤或出血。

10.眼眶挫伤

伤者眼球周围淤血肿胀，眼球向里凹陷，看东西重影，眼眶下面有麻木感。

眼钝挫伤的处置

眼睛受钝挫伤后，应根据损伤部位和病情作不同处置：

1.眼睑挫伤

眼睑挫伤对视力无影响时，在红肿早期，可以先用冷水毛巾或冰块冷敷，1～2天后可改为热敷，以促进红肿吸收，同时可口服一些抗生素药物。

2.角膜挫伤

角膜挫伤时，应涂抗生素眼药膏，并用纱布遮盖，一般24小时即可愈合。

3.虹膜睫状体挫伤

①瞳孔散大或变形时，可带黑色眼镜避光。

②前房出血时，应用纱布遮盖双眼，半卧位休息，及时去医院治疗。

③如果出现视物重影，应立即去医院诊治。

④局部使用抗生素及降眼压药物，防止青光眼等不良反应的发生。

4.其他损伤

眼眶挫伤、晶状体损伤、视网膜及脉络膜挫伤、视神经挫伤时，应立即将患眼用消毒纱布遮盖后送往医院救治。

眼球挫伤的预防

眼球挫伤应以预防为主。严禁在日常生活和娱乐玩耍中，挥舞拳头，随意使用弹弓，用树枝、柳条抽打，乱掷各种球类等。

眼球穿孔伤

眼球穿孔伤是指由锐器的刺入、切割或高速物体击穿造成眼球壁全层裂开，眼内组织损伤或脱出，以刀、针、剪子、笔芯刺伤眼球常见，多见于青少年。

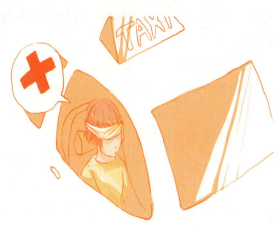

眼球穿孔伤的表现

根据穿孔的部位不同，眼球穿孔伤可分为角膜穿孔伤、巩膜穿孔伤、跨越角巩膜缘的角巩膜穿孔伤。

1.角膜穿孔伤

角膜位置在最前，因此角膜穿孔伤最为常见。单纯的角膜伤口，如果伤口较小且形状规则，没有眼内组织结构的脱出，则伤口常自行闭合，无明显症状或出现轻度的眼痛、流泪，伤口不在瞳孔区（视物区）时，视力多不受影响；如果伤口大且形状不规则，常有眼球内组织结构的脱出，则出现明显的眼痛、流泪和视力下降，还可出现眼球变软。

2.角巩膜穿孔伤

伤口累及到角巩膜缘，常合并有其他眼球结构的损伤，如虹膜睫状体、晶状体和玻璃体损伤，眼球内组织脱出或眼内出血，出现明显的眼痛、流泪，视力严重下降。因眼内容物的脱出，还可出现眼内压力下降，眼球变软。

3.巩膜穿孔伤

小的伤口多隐蔽，仅仅出现白眼仁表面出血。大的伤口常伴有眼内容物脱出及眼底出血等，预后差。

眼球穿孔伤的处置

眼球穿孔伤是最严重的眼外伤，细菌可经创口进入眼内而发炎，也可因眼睛内容物流出引起眼球塌陷、萎缩，而且因眼内组织受伤，可造成严重的视力损害，甚至失明。有的伤者因受伤眼炎症长期不退，而引起对侧正常眼睛发炎，医学上称为"交感性眼炎"，如不及时抢救，可造成双目失明。

对眼球穿孔伤应高度重视，一旦发生，首先要尽快用干净纱布把眼部包扎起来，立即送往医院抢救。有条件时，可以先肌注破伤风抗毒素和庆大霉素，千万不能随便揉擦眼球或自行动手查看，以免引起眼内组织脱出，造成感染。如果受伤眼伤情严重且无复明希望，或经紧急抢救后炎症反复发作，为解除痛苦，避免交感性眼炎，有时需做眼球摘除术。

眼球穿孔伤的预防

由于青少年自我保护意识和防范能力差，一般比较容易遭受外伤。眼外伤是世界范围内青少年单眼致盲和致残的主要因素，也是青少年进行眼球摘除手术的主要病因。这一方面是由于青少年好奇心和模仿性强，对各种危险物品缺乏防范；另一方面则是有些家长对青少年疏于照管，对容易使青少年致伤眼睛的物品存放不当。要加强对青少年的教育，使他们懂得自我保护和爱惜眼睛。

青少年要做到：不玩弄刀、针、剪、枪；不燃放烟花爆竹；不敲砸雷管等危险物品；不太过靠近观看鸟类。

如果遇到眼外伤，在条件允许时，家长或老师可先进行正确的紧急处理。眼睛受伤有伤口或出血，应用消毒的纱布、纸巾等包封受伤眼。切勿用跌打酒等烈性药物搽敷伤眼，以免加重眼睛损伤。

眼异物伤

什么是眼异物伤

　　眼异物伤属于开放性眼外伤，具有特殊性。异物进入眼内除机械性损伤外，异物存留的毒性损害及诱发感染还会引起各种并发症和后遗症，后果严重。

易引起眼外伤的异物

　　根据异物的性质，引起眼伤的异物可分为金属异物和非金属异物两类。大多数异物为铁、钢等有磁性的金属异物，也有铜、铅等非磁性金属异物。非金属异物包括玻璃、碎石、植物性（如刺木）异物、动物性（如毛、刺）异物等。不同性质的异物在眼的不同部位所引起的损伤和处理方法也不同。

眼异物伤的表现

　　根据损伤部位的不同，眼异物伤可分为眼球外异物和眼球内异物两大类。

1.眼球外异物

　　（1）眼睑（眼皮）异物

　　这类异物多见于爆炸时，爆炸可使上、下眼皮布满细小的火药渣、尘土、沙石等。

　　（2）结膜（白眼仁表面）异物

　　这类异物常见的有灰尘、煤屑等，多隐藏在上、下眼皮里面。如果异物摩擦黑眼仁，则可引起眼痛、流泪等症状。

（3）角膜（黑眼仁）异物

这类异物以煤屑、铁屑较为多见。伤者有明显的刺痛、流泪、眼皮抽搐等表现，铁质异物可形成锈斑，植物性异物容易引起感染。

（4）眶内（眼窝）异物

这类异物常见的有金属弹片、汽枪弹、木竹碎片等。伤者可有局部肿胀和疼痛。如果合并化脓性感染，则可引起其他严重并发症。

2.眼球内异物

眼球内异物伴有眼球穿孔伤口，即异物进入眼球需要通过某种通道，伤口可在黑眼仁，也可在白眼仁。如果在白眼仁，则伤口较难发现。伤者出现看东西模糊，眼球内压力降低，眼底出血等表现。

眼异物伤的处置

如果眼睛被异物伤到怎么办？物体刺入眼内，不要自行拔除，以免造成不能补救的损伤。如果异物较大，如钢笔，应在一个纸杯上开一个洞并把它放在眼睛上以托住异物，并固定纸杯。用布盖住另一只眼以避免患眼的运动。如果异物较小，用布将双眼盖住并较松地固定。

如果不是刺痛，只是有些异物感的话，伤者可忍痛将眼睛闭上，异物可能会随着泪水流出来。如果不流眼泪的话，可以在脸盆里放上水，将脸埋在里边眨眼。如果能看到进入眼内的异物，可以用湿棉棒或脱脂棉将其沾出来。

眼睛里进入异物后千万不要揉眼，小孩子稍微感觉眼内有异物，就会马上去揉眼睛，这一点一定要注意。铁粉等异物刺入眼睛时，应用干净的纱布或布捂住眼睛立即去看眼科医生。

眼异物伤的预防

眼异物伤是一种严重的眼外伤，易导致失明，应以预防为主，在社会宣传预防眼外伤的知识。青少年不要玩耍尖锐玩具，严禁乱玩爆炸物品，如有外伤，要及时就医。

耳郭外伤

什么是耳郭外伤

耳位于头部两侧。耳郭外伤包括挫伤（皮下淤血或血肿形成，软组织肿胀）、割伤（伤缘收缩，软骨暴露）、扯伤和咬伤（创口不规则，软骨破碎）、断离伤（耳郭完全切断）、火器伤等，常伴

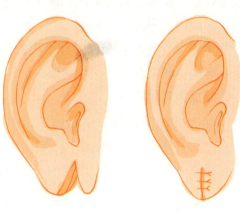

开放性耳郭外伤

有邻近组织外伤。运动中的耳郭外伤常为扯伤，伤口不规则。

运动中出现耳郭外伤的原因

青少年运动时发生耳郭外伤主要有以下几种原因：
①耳郭为头部的显露部位，易遭受各种直接外力作用。
②耳郭起支撑结构的骨性部分均为软骨，易撕裂。

耳郭外伤的表现

耳郭外伤包括开放性损伤和闭合性损伤。

1.开放性损伤

开放性损伤是指耳郭皮肤和软组织破裂，伤口与外界相通，常表现为耳郭正常结构连续性遭受损伤，出血，局部组织肿胀。

2.闭合性损伤

闭合性损伤是指耳郭皮肤无伤口，常见于挫伤，因暴力使耳郭血管破裂，血液淤积于软骨与软骨膜之间。伤者除局部疼痛外无其他明显症状。血肿多发生于耳郭上部前外面，呈半圆形紫红色皮下肿块，质软。

耳郭外伤的处置

青少年如果在运动中不慎导致耳郭外伤，不要慌张或害怕，应冷静采用正确的方法。

①如果为开放性外伤，应保持局部干净整洁，用纱布包扎伤口，立即就医，进行清创缝合，于24小时内肌注破伤风抗毒素。

②如果为闭合性外伤，应局部冷敷，注意观察有无耳郭血肿。如果血肿形成较大，则立即就医。

③伤者应注意有无听力改变和耳痛，如果有这类情况发生，则需立即就医。

④如果病情较重，则需立即就医。

耳郭外伤的预防

青少年要想预防运动所致的耳郭外伤，主要应做到以下几个方面：
①在运动时做好防护工作，可佩戴相关防护器材，学会保护自己。
②充分衡量自己的运动能力，不参加危险活动。
③控制自己的情绪，不打闹。

鼓膜外伤

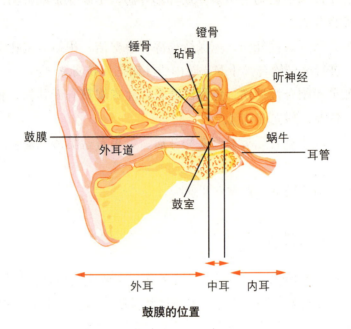

鼓膜的位置

图中标注：锤骨、砧骨、镫骨、听神经、蜗牛、耳管、鼓室、外耳道、鼓膜、外耳、中耳、内耳

什么是鼓膜外伤

　　鼓膜位于外耳道深部，在传音过程中起着重要作用。各种直接或间接外力导致的鼓膜损伤均为鼓膜外伤。

运动中发生鼓膜外伤的原因

　　青少年运动时发生鼓膜外伤主要有以下几个原因：
　　①鼓膜位于外耳道深部，非常薄，易遭受外伤。
　　②运动中，空气压力急剧改变，如炮震、掌击耳部、用力擤鼻、跳水时耳部先着水等，均会使鼓膜破裂。

鼓膜外伤的表现

　　伤者常突然感觉耳痛、耳出血、耳闷胀感、听力减退、耳鸣等。当由气压改变导致骨膜外伤时，常因气压作用，使伤者听骨强烈震动而致内耳受伤，出现眩晕、恶心、混合性听力损伤等现象。

耳镜检查可见鼓膜多呈裂隙状穿孔，穿孔边缘和耳道内有血迹或血痂，颞骨骨折伴脑脊液漏时可见清水样液体渗出。

鼓膜外伤的处置

青少年如果在运动中不慎导致鼓膜外伤，不要慌张、害怕，应冷静采用正确的方法。

①保持外耳道清洁和干燥，避免外耳道进水，在外耳道口放置消毒棉球。

②外耳道禁止冲洗或滴药。

③避免用力擤鼻。

④避免接触噪音。

⑤如果听力损失较重，则需立即就医。

鼓膜外伤的预防

①在运动时做好防护工作，可佩戴相关防护器材，如耳罩、耳塞等，学会保护自己。

②充分衡量自己的运动能力，不参加危险活动。

③在参加潜水或跳水前，做系统的耳部检查以明确是否适合做该项运动。

④控制自己的情绪，不打闹。

气压创伤性中耳炎

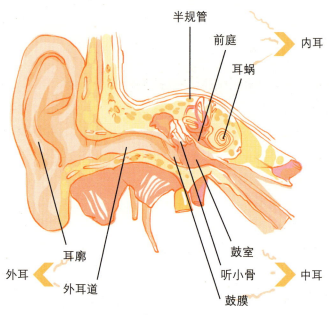

半规管

前庭

内耳

耳蜗

耳廓

外耳

外耳道

鼓室

听小骨

中耳

鼓膜

中耳的位置

什么是气压创伤性中耳炎

　　人体所处环境的大气压力发生急剧变化，调节中耳内压力的咽鼓管不能及时开放，中耳处于相对正压或相对负压状态，就会造成气压创伤性中耳炎。在运动中，潜水或跳水时可引起气压创伤性中耳炎。

运动中出现气压创伤性中耳炎的原因

　　青少年运动时发生气压创伤性中耳炎主要有以下两个原因：

1.外因

　　在运动时，外界气压变化较大，可导致气压创伤性中耳炎。

2.内因

　　咽鼓管功能发生障碍，可导致气压创伤性中耳炎。

气压创伤性中耳炎的表现

伤者一般在潜水或跳水后出现耳闷、耳痛、听力下降、耳鸣、眩晕、恶心等症状。耳镜检查可见鼓膜充血、内陷、鼓室内积液或积血，甚至鼓膜穿孔、出血等。

气压创伤性中耳炎的处置

青少年如果在运动中不慎导致气压创伤性中耳炎，不要慌张、害怕，应冷静采用正确的方法。

①保持鼻腔清洁和通畅，可应用鼻黏膜减充血药物上鼻。

②可采用咽鼓管吹张、捏鼻鼓起等方法。

③鼓膜穿孔的伤者，应注意预防感染，保持耳部清洁和干燥。

④避免接触噪音，及时就医。

气压创伤性中耳炎的预防

①在运动时作好防护工作，可佩戴相关防护器材，学会保护自己。

②有急性上呼吸道炎症的人，不宜参加潜水或跳水活动。

③运动前注意检查自己有无咽鼓管功能不良等情况。

④在潜水或跳水时主动做吞咽、咀嚼等动作，或捏鼻鼓气等。

⑤根据自身条件选择适宜运动参加。

鼻出血

　　鼻出血是指新鲜血液经鼻孔流出。多种疾病均可引起鼻出血，青少年运动时也可出现鼻出血症状。

运动时出现鼻出血的原因

　　青少年运动时出现鼻出血主要有以下几个原因：

　　①鼻腔为呼吸道的门户，运动时经鼻呼吸，鼻腔过度通气后常会出现鼻干的症状，鼻腔黏膜干燥后其局部黏膜会出现糜烂或破溃，进而导致鼻出血。

　　②运动时，人体血压会相应升高，血管内的压力升高会导致脆弱血管破裂，从而形成鼻出血。

　　③运动时为了散热，鼻腔的血管会扩张，再加之鼻腔黏膜干燥或炎症等情况可导致鼻出血。

　　④鼻子本身存在容易出血的因素，例如营养摄入不足导致的凝血功能不好，或鼻子内部结构异常等均会引起鼻出血。

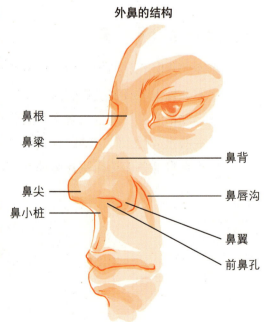

外鼻的结构

鼻根
鼻粱
鼻尖
鼻小桩

鼻背
鼻唇沟
鼻翼
前鼻孔

鼻出血的表现

　　鼻血多从出血侧的前鼻孔流出。当出血量大或出血部位靠后时，鼻血可向后流至后鼻孔，或再经对侧鼻腔流出，或经鼻咽部流至口腔吐出或咽下。运动所致的鼻出血往往靠近前鼻孔，鼻血经前鼻孔流出。

鼻出血的处置

①鼻出血时，立即停止运动，运动所致的鼻出血往往可自行止血。

②可用冷毛巾冷敷鼻部，这样可收缩毛细血管减少出血量。

③最好不要自行向鼻腔内填塞过多纸质物品试图止血。自行填塞往往会损伤鼻腔内部黏膜反而加大出血量。

④应用正确的方法捏紧鼻翼，同时用口呼吸，应保持空气新鲜和湿润。

⑤出血量较大时，需立即到医院看病。

⑥注意休息，避免用力擤鼻。

⑦戴眼镜的伤者，应将眼镜暂时除去。

鼻出血的预防

①运动量要适中，需根据自己的实际情况选择运动项目，以及确定运动量的大小。

②运动时要选择适宜的环境和时间，避免在温度过高或过干燥的地方运动。

③避免经常挖鼻以及用力擤鼻，保持鼻腔内的卫生和湿润。

④养成良好的进食习惯，不挑食，均衡摄入营养物质。

⑤适当运动，增强自身的抵抗力。

⑥如果鼻腔经常反复出血，则运动前最好系统检查鼻腔是否存在内部病变。

鼻骨骨折

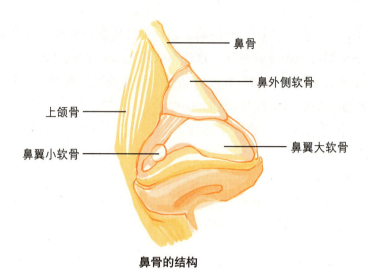

鼻骨

鼻外侧软骨

上颌骨

鼻翼大软骨

鼻翼小软骨

鼻骨的结构

什么是鼻骨骨折

　　鼻位于面部中央，我们触摸鼻梁可明显感觉到其下有一个骨性支架，这个骨性支架就是鼻骨。当鼻骨受到外力作用后，其正常的结构受到破坏，发生断裂失去其原有的连续性，称为"鼻骨骨折"。在头颈部外伤中，鼻骨骨折是最常见的损伤之一。

鼻骨骨折的原因

　　①鼻突出于面部，这一特殊解剖位置导致颜面部在受力时，鼻部最容易受到外力作用而受到损伤。

　　②鼻骨下端宽而薄，缺乏支撑，多数容易骨折。

　　③运动时，保护措施不完善也会导致鼻部受损伤，甚至骨折。

鼻骨骨折的表现

　　鼻骨骨折后会出现鼻部局部疼痛，皮肤软组织肿胀或皮下淤血，可见鼻梁偏斜、鼻背塌陷等，常伴有鼻出血及鼻塞症状。触摸伤者鼻梁可感觉到支架失去连续性，甚至听到骨头间摩擦的声音。

鼻骨骨折的处置

①受伤后，立即停止运动。

②用冰块敷受伤部位，冷敷可收缩毛细血管，能够减轻出血引起的肿胀，同时也能减轻疼痛。

③如果伴有鼻腔出血，不要慌张，鼻骨骨折往往可自行止血，同时冷敷也有助于止血。千万不要自行向鼻腔内填塞过多物品试图止血，自行填塞往往会损伤鼻腔内部黏膜反而加大出血量。

④如果出血量较大，可适当于鼻孔前端填塞棉球，然后立即就医。

⑤如果发现鼻子内中间的挡板出现明显的肿胀，则有可能存在鼻中隔血肿，应立即就医。

⑥如果发现鼻子的外形明显发生变化，应在10日内就医。

⑦如果患有咳嗽或过敏性鼻炎，则应尽量控制咳嗽和打喷嚏。

⑧饮食方面，在骨折初期，伤者因肿痛剧烈，导致发烧或食欲缺乏，所以饮食不宜过量，菜肴不宜过腻。到了后期，肿痛已逐步缓解，伤者的食欲渐渐恢复正常，可加强营养以促进愈合。

鼻骨骨折的预防

鼻骨骨折是因受外力导致的鼻部损伤，如果我们能避免任何可能导致鼻部受外力的情况，则鼻骨骨折的发生几率将会大大地降低。预防鼻骨骨折应做到以下几个方面：

①在运动时做好防护工作，可佩戴相关防护器材，学会保护自己。

②充分衡量自己的运动能力，不参加危险活动。

③控制自己的情绪，不打闹。

气压创伤性鼻窦炎

什么是气压创伤性鼻窦炎

气压创伤性鼻窦炎是指人体所处环境的大气压力发生急剧变化时，鼻窦内的气压与外界气压相差悬殊而引起的鼻窦的病理损害。在潜水或跳水时，易发生气压创伤性鼻窦炎。

运动中发生气压创伤性鼻窦炎的原因

①正常人的鼻窦窦口经常保持通畅，在窦口受到某些疾病影响时，如鼻中隔偏曲、鼻窦炎、鼻息肉、变应性鼻炎等，窦口内外气体交换受到阻碍，潜水时鼻窦内外压力不能获得平衡，可引起一系列组织病理变化。

②鼻窦内外压力变化过快、过大，人体未能及时调整，易导致气压创伤性鼻窦炎。

气压创伤性鼻窦炎的表现

伤者潜水或跳水后出现额部疼痛，或面颊部有麻木感，可伴有鼻塞、鼻出血等症状。病情轻者1～2天后可逐渐缓解，病情较重者可出现血性分泌物，继发感染时可出现脓性鼻涕。

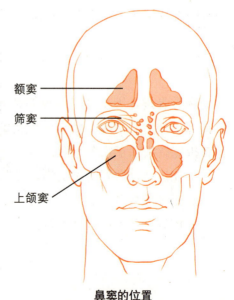

额窦
筛窦
上颌窦

鼻窦的位置

气压创伤性鼻窦炎的处置

①保持鼻腔清洁和通畅，必要时可应用鼻黏膜减充血药物滴鼻。

②局部冷敷，24小时后热敷或理疗。

③避免用力擤鼻。

④如果鼻窦内急性炎症形成脓性分泌物，则可进行负压置换吸引。

⑤及时就医。

气压创伤性鼻窦炎的预防

①运动前特别注意检查自己有无鼻腔、鼻窦慢性炎性疾患或结构性鼻炎。

②有急性上呼吸道炎症的人，不宜参加潜水或跳水活动。

③慢性鼻炎患者在运动前应用鼻腔减充血剂以保持鼻窦窦口通畅。

④根据自身条件选择运动项目，可逐渐加大运动难度，循序渐进。

急性咽喉炎

急性咽喉炎是指口咽、喉咽黏膜和声带的急性炎症反应。

运动后发生急性咽喉炎的原因

①口咽和喉咽为呼吸道门户，运动时患者经鼻呼吸不畅时往往会经口呼吸，经口过度通气后会出现口干舌燥、咽痒等症状。

②咽部不适时，患者往往会清嗓子或咳嗽，这样做会加重咽部充血，进而引起咽部疼痛。

③运动时，患者过度劳累，导致抵抗力降低。此时如果存在前驱感染，便会出现急性感染性疾病。

④运动时，患者所处的环境过热、过冷或过干都会导致咽喉炎。

急性咽喉炎的表现

患者初觉咽喉部干燥、灼热、有粗糙感、咳嗽，继有咽喉痛，多为灼痛，常伴有声音嘶哑，发音困难或发音疼痛加重。疼痛可放射至耳部，症状较重时，患者常存在全身不适等症状。

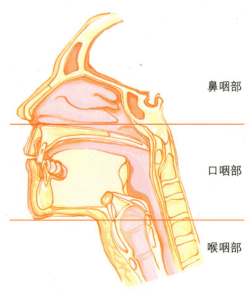

鼻咽部

口咽部

喉咽部

咽喉解剖图

急性咽喉炎的处置

①立即停止运动，不发声或少发声，让身体和声带

及时休息。不要用耳语代替平常的发声，耳语并不能达到让声带休息的目的。

②保持室内空气流通，多饮热水，进食流质食物。

③适当口服西瓜霜润喉片等，有条件时可做雾化治疗。.

④如果病情较重时，需立即就医。

急性咽喉炎的预防

①运动量要适中，根据自己的实际情况选择运动项目，确定运动量。

②在运动时学会正确的呼吸方式，尽量用鼻呼吸。

③选择适宜的环境进行运动，避免在过热、过冷或过干的地方进行运动。

④如果存在感染的前驱症状，比如感冒，患者应尽量休息，待感染疾病痊愈后再进行运动项目。

⑤平时不挑食，适当运动，增强自身抵抗力。

声创伤

张口呼吸

什么是声创伤

声创伤是指由于不当的声音刺激所造成的人体不同部位、不同系统的各种损害，包括爆震性声创伤及噪声性声创伤。在运动中造成的声创伤，常为爆震性声创伤。

运动中出现声创伤的原因

①在运动比赛时，发号施令的"枪声"，对耳部听觉系统存在一定刺激。如果刺激过大，则会对耳部造成一定的损害。

②耳部本身处于对声刺激敏感阶段，如中耳炎时期等。

声创伤的表现

伤者一般在爆震后立刻出现听力下降，有的在短时间内听力完全丧失，随后逐渐恢复，一次严重的爆震可致永久性耳聋。伤者同时常伴有耳鸣或耳痛。强烈爆震后可引起额部、枕部、颞部头痛，以及眩晕、恶心、呕吐及平衡失调等。

声创伤的处置

①保持外耳道清洁和干燥，忌用滴耳液。

②伴有恶心、呕吐、平衡障碍等症状时，需卧床休息。

③避免接触噪音。

④避免用力擤鼻。

⑤补充维生素。

⑥及时就医。

声创伤的预防

①在运动时做好防护工作，如佩戴耳塞、耳罩、防声帽等，紧急情况下可用棉花等软物或小手指塞于外耳道内。

②采用张口呼吸可减轻受伤程度。

③养成良好进食习惯，不挑食，均衡摄入营养物质，补充维生素。

④运动前可检查相关部位，如耳、咽鼓管有无异常。

咽喉外伤

什么是咽喉外伤

咽喉位于颈前，具有呼吸、吞咽、发声等功能，邻近有重要的大血管、神经。咽喉遭受损伤时，轻者影响进食、发声，重者引起呼吸困难、窒息、大出血、休克，甚至危及生命。咽喉外伤包括闭合性咽喉外伤及开放性咽喉外伤，运动中遇到的多为闭合性咽喉外伤。

咽喉外伤的原因

①在运动中，拳击伤和球类伤等导致颈部受力，从而引起咽喉部闭合性外伤。

②来自侧方的外力导致喉体向对侧移动。这种损伤伤情大多较轻，常无骨折，仅引起黏膜损伤、环杓关节脱位等。

③来自前方的外力由前向后将喉部推挤到颈椎上，常造成甲状软骨中部或上角骨折等。此时头或颈部相对固定，因此这种损伤大多较重。

咽喉外伤的表现

运动中常遇到闭合性咽喉外伤。伤者以局部疼痛为主，说话、吞咽或咳嗽时疼痛加重，有时可放射至耳部，常伴有声音嘶哑或失声。喉黏膜如果有破裂，则发生咳嗽或咯血，可有进行性呼吸困难，甚至发生窒息。伤势严重者甚至失去知觉（喉休克）。

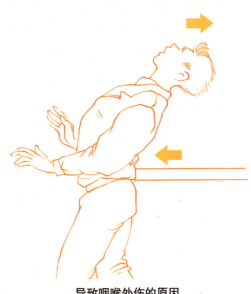

导致咽喉外伤的原因

喉挫伤的患者颈部肿胀或出现淤斑，颈部明显变粗（颈部软组织内出血及气肿所致），骨折发生时可触及骨摩擦声，喉部可有不正常运动。

咽喉外伤的处置

①受伤后，立即停止运动。

②让喉部休息，少说话、禁食或鼻饲流质食物。

③用冰块敷受伤部位，冷敷可收缩毛细血管，能够减轻出血引起的肿胀，同时也能减轻疼痛。

④全身应用抗生素或糖皮质激素，预防感染，减轻水肿。

⑤如果病情渐进性加重或存在骨折，应立即就医。

咽喉外伤的预防

咽喉外伤是因头颈部受外力导致的损伤。如果我们能避免任何可能导致头颈部受外力的情况，则咽喉外伤的发生几率将会大大地降低。预防咽喉外伤主要有以下几个方面：

①在运动时作好防护工作，可佩戴相关防护器材，学会保护自己。

②充分衡量自己的运动能力，不参加危险活动。

③活动适中，不打闹。

青少年乳牙外伤

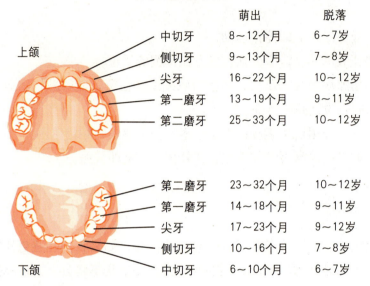

乳牙的萌出和脱落

		萌出	脱落
上颌	中切牙	8～12个月	6～7岁
	侧切牙	9～13个月	7～8岁
	尖牙	16～22个月	10～12岁
	第一磨牙	13～19个月	9～11岁
	第二磨牙	25～33个月	10～12岁
下颌	第二磨牙	23～32个月	10～12岁
	第一磨牙	14～18个月	9～11岁
	尖牙	17～23个月	9～12岁
	侧切牙	10～16个月	7～8岁
	中切牙	6～10个月	6～7岁

乳牙外伤对继承恒牙的影响

①导致恒牙牙胚的萌出异常或迟萌。

②牙冠部形成异常，包括釉质发育不全、白斑或黄褐色斑、牙冠形态异常。

③牙根部形成异常，包括牙根弯曲、短根、双重牙根、牙根部分发育或全部停止发育。

④严重的创伤可使恒牙胚坏死，牙胚发育停止，牙齿埋伏、倒生、牙瘤样形态等。

乳牙外伤的治疗

1.发育早期的乳牙

根尖尚未发育完成的乳牙，或牙根已经部分吸收的乳牙，由于外伤造成的牙根或牙冠折断的很少，更容易造成牙齿移位。发育早期恒切牙牙胚位于乳牙的腭侧，可能接近乳牙根尖部，也可能与之有一定距离。如果是前者，乳牙严重外伤可能影响或损伤恒牙胚，这种损伤往往在受伤后较长的时期才产生。医生会在最初诊查时给予估计，决定患牙的去留。

2.乳牙外伤移位

乳牙外伤移位的处理原则与年轻恒牙大致相同，青少年机体的恢复能力较强，移位乳牙经复位后，一般预后较好，除非牙齿有严重脱出牙槽窝或牙根已大部分吸收接近替换时，一般均可保留受伤乳牙，不必拔除。但日后有可能发生牙髓坏死，根尖感染或牙槽脓肿。因此要注意复诊，发现牙髓或根尖感染时，应及时处理。复诊时间，起初可隔2~3日复查一次，以后可每周复查1次，经过1~2个月后即可每3~6个月复查一次。

成人牙外伤

牙体解剖图

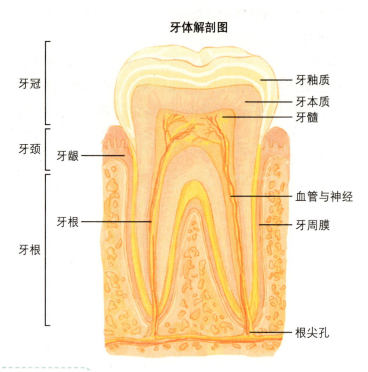

牙冠 — 牙龈

牙颈 — 牙龈

牙根 — 牙根

牙根

牙釉质
牙本质
牙髓

血管与神经
牙周膜

根尖孔

什么是牙外伤

　　牙外伤是指牙受到各种机械外力作用时，所发生的牙周组织、牙髓组织和牙体硬组织的急剧损伤，临床常见几种损伤同时发生。根据牙的主要损伤部位，临床将牙外伤分为牙震荡、牙折、牙脱位和牙脱臼等类型。

牙外伤的原因

　　突然加到牙齿上的各种机械外力易导致牙外伤。外力的性质、大小、速度和作用方向不同，造成损伤的类型也不同。

1.直接外力

直接外力，如工具打在牙上、摔倒时前牙碰地，多造成前牙外伤。

2.间接外力

间接外力，如外力撞击颏部时，下牙猛烈撞击上牙，通常造成前磨牙和后磨牙的外伤。

3.较轻和较重的外力

较轻的外力仅造成牙周组织的轻损伤，较重的外力可导致全部牙周膜撕裂，牙从牙槽窝内脱出。

4.高速度和低速度的外力

高速度的外力易致牙冠折断，低速度强度大的外力易致牙周组织损伤。

青少年正处于生理和心理生长发育的阶段，比成人更容易发生牙外伤，尤其是前牙外伤。据报道，恒牙外伤的50%～70%发生于7～9岁的青少年。

牙外伤的处理

牙外伤多为急诊，应查明伤者有无其他部位的骨折和颅脑损伤等重大问题。牙齿外伤也常伴有牙龈撕裂和牙槽突的折断，均应及时诊断处理。治疗前需先拍摄X线片，进行检查。

牙震荡

什么是牙震荡

牙震荡是成人牙外伤的一种，是最轻的牙外伤，是指牙周膜的轻度损伤，又称为"牙挫伤"或"外伤性根周膜炎"。

牙震荡的原因

参考成人牙外伤的原因。

牙震荡的表现

患者根尖周围的牙周膜充血、渗出，甚至轻微出血，常伴有牙髓充血和水肿。临床表现为轻微酸痛感，垂直向或水平向叩击痛，不松动，无移位，对冷刺激有过性敏感症状，X线片表现正常或根尖牙周膜增宽。

牙震荡的治疗

①少量调整咬合。
②测定记录牙髓活力情况，如确定牙髓坏死即可做根管治疗。
③定期观察直至恢复正常。

牙折

牙折是成人牙外伤的一种，分为不全冠折、冠折、根折。

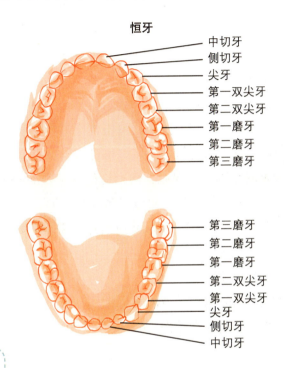

恒牙

中切牙
侧切牙
尖牙
第一双尖牙
第二双尖牙
第一磨牙
第二磨牙
第三磨牙

第三磨牙
第二磨牙
第一磨牙
第二双尖牙
第一双尖牙
尖牙
侧切牙
中切牙

不全冠折

1.什么是不全冠折

不全冠折是指牙面釉质不全折断，牙体组织无缺损，又称为"纹裂"。

2.不全冠折的表现

在患者牙齿的唇（颊）面有与牙长轴平行的、垂直的或呈放射状的细微裂纹，可无任何症状或对冷刺激有过性敏感症状。

3.不全冠折的治疗

①无症状者不予处理。

②年轻恒牙有症状者，可做带环冠，氧化锌丁香油黏着6~8周，或需加以少量调低咬合。

冠折

1.冠折的表现

（1）冠折未露髓

患者有牙本质敏感症状，可有近髓处透红或敏感。

（2）冠折露髓

折断面上有明显露髓孔，有渗血。如果未及时处理，则露髓孔处可有牙髓增生或牙髓炎。

2.冠折的治疗

①缺损少牙本质未暴露的冠折，可将锐缘磨光。

②牙本质已暴露并有轻度敏感者，可进行脱敏治疗。

③敏感较重的用临时塑料冠，内衬氧化锌丁香油糊剂，待有足够修复性牙本质形成（6~8周）后，再以树脂修复冠形态。

④牙髓已暴露的牙冠折需采取相应治疗，采用牙髓摘除术、活髓切断术或根管治疗术。

⑤仍有活力的牙髓，应在治疗后1、3、6个月及以后几年中，每半年复查一次，以判明牙髓的活力情况。

⑥牙的永久性修复应在受伤后6~8周进行。

根折

1.什么是根折

外伤性根折多见于牙根完全形成的成人牙齿。其折裂线与牙齿长轴垂直或有一定斜度，外伤性纵折很少见。根折按其部位可分为颈侧1/3、根中1/3和根尖1/3，最常见者为根尖1/3。年轻恒牙的支持组织不如牙根形成后牢固，在外伤时常常被撕脱或脱位，一般不致引起根折。

2.根折的表现

引起根折的上力多为直接打击和面部着地时的撞击。X线片检查是诊断根折的重要依据，但不能显示全部根折病例。摄片时中心射线

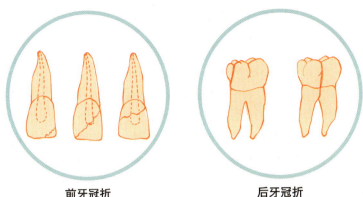

前牙冠折   后牙冠折

必须与折裂线一致或平行时，才能在X线片上显示折裂线。如果中心射线与折裂线的角度大于正、负15度～20度时，则很难观察到折裂线。同时，只有当中心射线相应处的矿物成分减少至6.6%以下时，稀疏区才能在X线片上观察到。X线片不仅有助于根折的诊断，而且也便于复查时比较。

3.根折的治疗

①近牙颈部的根折，应尽快进行根管治疗，然后进桩冠修复。

②根中部的折断，应拔除。

③根尖1/3折断和牙松动，应及时结扎固定，并做根管治疗。

牙脱位

什么是牙脱位

　　牙脱位是成人牙外伤的一种，指牙受外力作用而脱离牙槽窝。由于受外力的大小和方向不同，牙脱位的表现和程度也不同。轻者偏离移位，称为"不全脱位"；重者可完全离体，称为"全脱位"。

　　牙齿脱位多发生于爱运动的青少年。如篮球队员，经常会发生一些碰撞事件，一不小心就有可能致面门被撞，牙齿松动甚至折断等。

牙脱位的表现

1.牙齿脱出型脱位

　　牙齿移位，患牙伸长、倾斜或移位、松动，龈沟渗血，牙冠无折断和缺损，温度测试反应不一，牙齿移位可伴有牙槽突骨折。

2.牙齿嵌入型脱位

　　患牙临床冠变短或消失，可伴有移位、扭转或呈反颌关系，龈沟渗血，叩痛，伴有牙槽突骨折。

牙脱位的表现

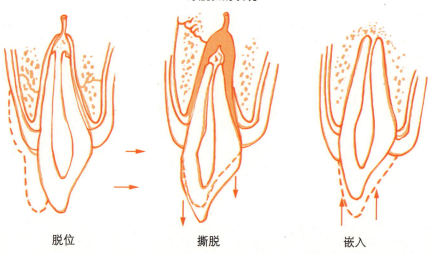

脱位　　　　　　撕脱　　　　　　嵌入

3.牙完全脱位

牙脱离牙槽窝，或仅为软组织连接，常伴有牙龈撕伤和牙槽骨骨折。

牙脱位的治疗

1.部分牙脱位

发生部分牙脱位时，应在局麻下复位，再结扎固定4周。术后3个月、6个月和12个月进行复查，如果发现牙髓已坏死，应及时做根管治疗。

2.嵌入性牙脱位

发生嵌入性牙脱位时，在复位后两周应做根管治疗术。这些牙通常伴有牙髓坏死且容易发生牙根吸收。对嵌入性脱位牙的年轻恒牙，不可强行拉出复位，以免造成更大的创伤，诱发牙根和边缘牙槽突的吸收，应对症处理，继续观察，任其自然萌出是最可取的处理方法，一般在半年内患牙能萌出到原来的位置。

3.完全脱位牙

牙脱位后，应立即将牙放入原位，如牙已落地污染，应就地用生理盐水或自来水冲洗，然后放入原位，如果不能即刻复位，可将患牙置于舌下或口腔前庭处，也可放在盛有牛奶、生理盐水或自来水的杯子内，切忌干藏，并尽快到医院就诊。

同时伴有牙齿折断的患者应及时就医，进行一次性拔髓治疗，尽可能地保存患牙。

颌骨骨折

颌骨骨折和其他骨折具有一些共同的临床症状，如局部疼痛、肿胀、骨断端异常动度或移位、功能障碍等。

由颌骨的解剖生理结构所决定的颌骨骨折表现如下：

①骨折段移位。

②牙齿咬合错乱。

③骨折端异常活动。

④上颌骨骨折时，如有眶下神经受伤，眶下部、上唇和鼻部可出现麻木感。下颌骨骨折时，如伴发下牙槽神经损伤，同侧下唇可出现麻木感。

⑤张口受限，影响呼吸和吞咽。

⑥上颌骨、颧骨骨折波及眶部，有眼球移位时，可出现复视；有动眼神经和肌肉损伤时，可出现眼球运动失常。

上颌骨骨折的表现

上颌骨骨折时，一般伤者全身症状较重，伴有颅脑损伤、颅底骨折，多为线型骨折，骨折片移位不太明显。骨折最易发生的部位是在上颌骨与邻骨相连的骨缝。两侧上颌骨在腭中缝相连，是结构上的薄弱部位，易受暴力而裂开。检查可见局部肿胀、面部畸形、压痛，张口受限，咬合关系错乱，摇动牙齿时，上颌骨有异常活动。上颌骨骨折还常伴有眶骨、鼻骨等骨折，出现鼻眶畸形、鼻出血、眶周淤血、复视等。

下颌骨骨折的表现

下颌骨骨折好发部位是正中联合、颏孔区、下颌角、髁状突颈部，可以由直接暴力或间接暴力引起。骨折可单侧发生，也可以双侧受累。检查可见面部肿胀、畸形、张口受限、咬合错乱，骨折处可扪及台阶感及压痛。下牙槽神经受损时，可出现患侧下唇麻木。髁状突颈部骨折可见张闭口时髁状突运动减弱或消失，局部压痛。青少年下颌骨骨折多为不完全骨折（青枝骨折）。

颌骨骨折的治疗

颌骨骨折后，主要的治疗方法是复位和固定。颌骨骨折复位的重要标志是上颌和下颌牙齿的正常咬合关系恢复，否则将影响骨折愈合后咀嚼功能的恢复。

伤者在饮食方面，应该做到：

①多吃蔬菜、蛋白质和富有维生素的饮食，预防骨质疏松的发生和发展。

②骨折早期饮食宜清淡，以利于祛瘀消肿；后期应选择合适的饮食调补肝肾，以利于骨折的愈合和功能的恢复。

颌骨骨折的预防

颌骨骨折多由外伤性因素引起。注意安全、避免受伤等是预防颌骨骨折的关键。

肋骨骨折

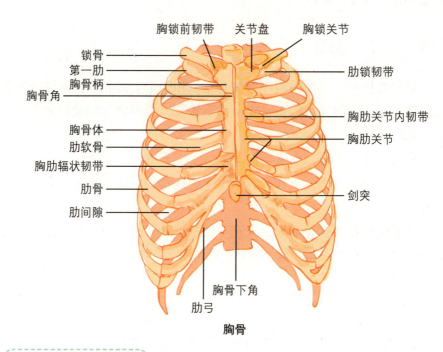

锁骨
第一肋
胸骨柄
胸骨角

胸骨体
肋软骨
胸肋辐状韧带
肋骨
肋间隙

胸锁前韧带　关节盘　胸锁关节

肋锁韧带

胸肋关节内韧带
胸肋关节

剑突

胸骨下角
肋弓

胸骨

什么是肋骨骨折

　　在各种外力作用下，造成的肋骨断裂均称为"肋骨骨折"，在胸部外伤中占61%～90%。人胸廓的外形主要是由左右各十二条肋骨共同支撑而形成的，其中最下面的两条肋骨的前端游离。

　　青少年的肋骨富有弹性，不易折断，随着年龄的增长，肋骨弹性减弱，则易骨折。如果发生多根多处肋骨骨折，吸气时骨折处内陷，呼气时外突，则称为"连枷胸"。这种病症常存在于其他病症中，且表现严重。

肋骨骨折的原因

　　胸壁受到直接或间接的暴力，均可导致肋骨骨折。骨折常发生在直接接受暴力的位置或肋骨的外侧。

肋骨骨折的表现

人体的第4至第7根肋骨较长，前后固定，遭到外力后较其他肋骨更易于骨折。骨折处常伴有疼痛，常在深呼吸或咳嗽时加重，惧怕触压，局部可见淤血肿胀。当挤压胸壁两侧时，骨折处疼痛加剧，有时可听到骨折断端互相摩擦发出的声音。严重肋骨骨折或连枷胸时胸廓变形较明显，容易找到骨折区。

肋骨骨折的处置

让伤者半坐位，休息。如果单根肋骨骨折，可采用宽绷带适当缠绕胸壁，起固定和止痛作用，阻止因活动或咳嗽所引起的骨折断端摩擦。如果多肋多处骨折，即连枷胸，则应及时清除口腔、喉头和呼吸道的分泌物，以保证呼吸道通畅，将厚棉垫覆盖于胸壁的骨折处，并用宽绷带加压包扎固定，以缓解伤者呼吸困难，立即就医。

肋骨骨折的预防

①在运动时，要有自我保护意识，不做危险动作，一切活动听从专业人员的安排，不可草率盲目进行。

②做好防护措施，可佩戴相关防护器材，学会保护自己。

③充分衡量自己的运动能力，不参加危险活动。

④控制自己的情绪，不打闹。

气胸

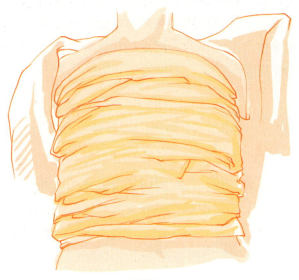

胸带固定

什么是气胸

气胸是指胸膜腔内积气。胸膜腔是由胸膜壁层和脏层共同构成的不含空气的密闭腔隙。

出现气胸的原因

在运动中，当由各种原因引起胸膜破裂时，外界空气进入胸膜腔，或当胸壁伤口穿破胸膜时，外界空气经伤口进入胸膜腔，均可导致胸膜腔积气。此时肺脏受到外界空气而压缩，血液循环受阻，导致不同程度的呼吸循环障碍。

气胸的表现

在剧烈运动中，当用力或发生胸部创伤后，伤者突感胸痛、胸闷、气短、咳嗽，这些都表明其可能发生了气胸。小量气胸可先有气急，但数小时后逐渐平稳。单侧气胸时，气胸患侧在上可稍缓解。如果积气量较大或胸膜腔持续积气，伤者常不能平卧，出现呼吸循环障碍。

气胸的处置

①一旦出现气胸现象，应及时拨打120。胸部X线片是诊断气胸的重要方法。

②应立刻停止一切运动，注意休息，有条件可给予吸氧、止咳、消炎治疗。

③在无条件或不能及时赶往医院的时候，需迅速观察胸廓的起伏有无一侧减弱，听胸部两侧呼吸音的有无。

④肋骨骨折引起气胸须限制胸廓活动，可以用布料或衣物将胸廓缠绕固定。

⑤胸壁损伤所致气胸则应立即封闭胸部缺损处，但转运途中如呼吸困难加重，应在呼气时开放缺损处，排出胸膜腔内气体。

⑥气胸的彻底治疗则需要专业医师的手术治疗，以阻止胸膜腔积气，修补破损组织。

气胸的预防

气胸多发生于瘦高身材的青少年，此类人群常伴有肺大泡，其破裂常可导致自发性气胸。

预防气胸应做到：

①合理摄入各种营养，进行适当的体育锻炼对于预防气胸非常重要。

②空气污染或吸烟等可导致肺组织反复感染，形成多个肺大泡，甚至破裂造成气胸。应在空气清新的地方运动。

胸壁软组织损伤

什么是胸壁软组织损伤

胸壁软组织损伤是指胸壁的皮肤、皮下组织、胸肌及肋间组织,在外力的作用下造成的机械性损伤。这种损伤占胸部损伤的40%~60%,主要表现为软组织挫伤、皮肤裂伤、肌肉撕裂伤、软组织穿透伤等。

胸壁软组织损伤的原因

胸壁软组织损伤多由对胸壁的挤压、钝器击打、爆震等因素所致。轻者可致胸壁软组织挫伤,重者造成胸壁肌肉断裂和血管损伤。开放性损伤可由锐器、钝器和火器等致伤物造成。

胸壁软组织损伤的表现

当胸壁软组织受到损伤后,伤者常表现为局限性疼痛,且深呼吸、咳嗽时加剧,可见胸壁皮肤瘀斑,局部血肿。伤者受到锐器等创伤时可见胸壁伤口,擦伤的伤口皮肤表面有擦痕,同时伴有液体渗出,点状出血;挫裂伤的伤口边缘不整齐,周围组织挫伤较重;刺伤的伤口小而深,有时可见伤口内遗留的致伤物;切伤的伤口多呈直线状,边缘整齐,周围组织损伤较轻,出血较多;火器伤的伤口周围组织损伤较大,污染较重,致伤物可遗留在胸壁组织内。如果合并胸廓骨折、胸膜和胸内脏器的损伤,则有相应的症状和体征。如果有胸部创伤史,胸壁有瘀斑、血肿或伤口,则可确定本病。严重或大面积的软组织损伤,可引起伤者心率加快、血压升高、呼吸浅快、面色苍白和冷汗。

胸壁软组织损伤的处置

轻度胸壁软组织损伤,如果无创口,则在8小时内冷敷处理,可暂

戴护具

时缓解局部疼痛；在8小时后进行热敷，使淤斑散除。如果伤者伤势严重、有创口或合并其他病症，则需及时到医院处理。情况紧急时，首先应立即封闭伤口，可于深呼气末时封闭伤口，再用棉垫覆盖，加压包扎，注意创口处的清洁。

胸壁软组织损伤的预防

①在运动时做好防护，可佩戴相关防护器材，学会保护自己。

②充分衡量自己的运动能力，不参加危险活动。

③控制自己的情绪，不打闹。

血胸

血胸伤者的躺位

什么是血胸

血胸是指在胸部遭到穿透性损伤以及外伤致肋骨骨折时，肋间或胸廓内血管或组织脏器可能发生破裂伤，出血后血积聚于胸膜腔。

出现血胸的原因

胸部的任何损伤均可能导致胸腔内各脏器血管的破裂出血，常为开放性创伤。血液积聚于胸腔内可迅速形成凝血块贴附于胸膜表面，最后机化为纤维组织。严重胸部损伤者，出血可呈持续性发展。这主要是由于心脏大血管的损伤导致急性大出血，伤者常可因抢救不及时而致死亡。

血胸的表现

血胸通常由明确的外伤而来，因外伤引起的血胸，可经其创口判断。由于胸腔内的血液聚积，患侧的呼吸音会明显减弱。但是少量血胸伤者可无症状，胸部X线片常可发现。中等量以上血胸伤者会出现不同程度的呼吸困难，面色苍白，心慌、胸闷、低血压、烦躁不安和休克。

血胸的处置

①一旦发现有人在运动时出现胸部外伤，不要慌张、害怕，要冷静正确地处理。

②胸部被锐器扎伤后，不要盲目地拔出，而须包扎封闭出血，不要用小块敷料填塞胸腔伤口，以防滑入。

③清除呼吸道的血液和黏液，使伤者保持呼吸通畅。

④有肋骨骨折的伤者，见其有明显的胸壁反常呼吸运动时，将厚敷料或棉垫压在伤处，外加绷带固定。

⑤胸部外伤送医院急救时应取30度的半坐体位，可用衣、被等将伤员上身垫高。出现休克的伤者，可同时将下肢略抬高，切不可头低脚高位。

血胸的预防

持续性血胸，即胸部损伤致血管破裂而出血不止，是非常严重的，如不能及时送往医院救治，后果可能非常严重。在日常活动中需格外注意，尤其是可能受到胸部撞击的运动。在进行运动前要仔细检查各种运动器械及周围环境，在有专业人员陪同的情况下，合理地安排活动。

肝损伤

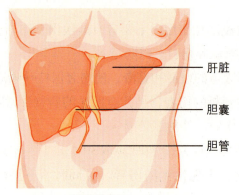

肝脏的位置

肝脏的位置

肝脏位于人体的右上腹膈下，后面有6～12根肋骨保护，前面有6～9根肋骨遮盖，正常的肝脏上界位于右侧第5根肋骨上缘，下界几乎与肋缘平行。由于肝脏体积大，腹腔内占据空间大，同时肝脏质地较脆，容易发生破裂，腹部损伤中容易发生肝损伤。

肝脏损伤的原因

肝脏损伤的病因大体可划分为两类：锐器伤和钝器伤。

1.锐器伤

锐器伤常见于切伤、刺伤、枪弹伤及弹片伤等，这类损伤伤及肝脏，同时多合并有临近脏器损伤。

2.钝器伤

钝器伤常见原因为闭合性暴力，如拳打、脚踢、跌伤、撞击等。

肝脏损伤的分类

一般来说，肝脏损伤可以分为真性破裂和包膜下破裂，我们可以用鸡蛋来表示肝脏，当发生真性破裂时，肝脏包膜及实质均发生破裂，即鸡蛋被打碎；当发生包膜下破裂时，肝脏表面破裂而包膜完整，可表现为鸡蛋壳破裂，但鸡蛋清未流出。

肝损伤的表现

①腹部可出现明显的创口，创口多位于右上腹，创口周围可伴有明显的出血。

②出现持续性腹痛、恶心、呕吐等。

③腹痛范围广，疼痛先于创口位置首先出现。

④腹腔内大出血，严重者可能出现出血性休克，如头晕、乏力、精神萎靡、皮肤黏膜苍白、脉搏增快、血压下降等。

肝损伤的处理

对于发生肝损伤的患者，腹部损伤往往只是全身多发伤的一部分，处理时应整体考虑，优先处理危重情况，针对多发伤处理应按如下顺序：

①心肺复苏。

②解除气道梗阻。

③发生脑外伤时，应关注瞳孔变化，防止伤者发生致死性脑疝。

④处理明显的活动性出血，以及进行必要的骨折外固定。

⑤紧急呼救，迅速就诊。

肝损伤的预防

①遵纪守法，不参与打斗，远离危险区域，尽可能降低意外的发生。

②腹部出现开放性外伤后，局部有伤口或内脏脱出及异物进入，均不应在现场固定或取出异物。必要时可用清洁衣物覆盖腹部伤口，并给予轻轻包扎固定，防止加重损伤。

③让伤者保持安定，立即拨打120急救电话，迅速将其送往医院诊治。

脾损伤

脾脏的位置

　　脾脏位于左季肋部深面，其右侧为胃，后面为左肾和左肾上腺，下方为结肠，一般与第9至第11根肋骨相对。脾脏是一个实质性器官，是腹部脏器中最易受损伤的器官，根据统计，在闭合性损伤中脾损伤占20%～40%，在开放性损伤中脾损伤占10%左右。

脾脏损伤的分类

　　脾脏损伤可分为自发性与外伤性。

1.自发性脾损伤

　　自发性脾损伤多发生于原有脾脏肿大的病人，但是自发性破裂并不是表示伤者没有受到外力作用，只是外力作用小，如简单的弯腰曲身等。

2.外伤性脾损伤

　　外伤性脾损伤可分为开放性和闭合性，多见于肿大的脾脏。

脾脏损伤的原因

　　脾脏损伤主要表现为脾破裂。

1.自发性脾破裂

　　自发性脾破裂多见于原有疟疾、伤寒等导致脾脏增大的疾病。

2.外伤性脾破裂

　　外伤性脾破裂分为开放

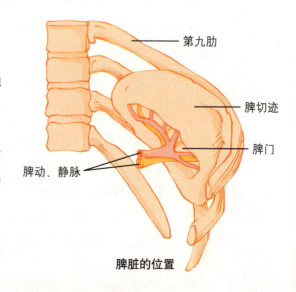

第九肋

脾切迹

脾门

脾动、静脉

脾脏的位置

性和闭合性。

（1）开放性脾破裂

开放性脾破裂多由刀戳、锐器穿入所致，这类患者多伴有其他脏器损伤。

（2）闭合性脾破裂

闭合性脾破裂多见于车祸、高处坠落、斗殴等，可合并左侧肋骨骨折。

脾脏损伤的表现

脾损损伤的临床表现与出血量，以及有无伴随损伤有关。存在包膜下破裂的伤者可表现为左上腹疼痛，呼吸时加剧，腹部紧张不明显，或不存在出血表现等。如果存在脾脏真性破裂，针对出血量不多的患者，则疼痛可局限于左侧肋部。如果出血量大，则可出现明显的全腹疼痛和腹部紧张，但仍以左侧显著，部分患者由于血液刺激膈肌，导致左侧肩部发散痛。

脾脏损伤的处理

脾脏作为实质性脏器，发生损伤以出血为主。脾脏损伤的处理与肝脏损伤处理原则一致，应维持患者的生命体征，保持呼吸、心跳，控制明显的活动性出血，骨折固定，防止发生副损伤，迅速送到医院。

脾脏损伤的预防

①定期体检，了解是否存在导致脾脏增大的疾病。

②遵纪守法，不参与打架、斗殴，远离事故高发区域，防止意外发生。

③如果发现腹部损伤的患者，应立即拨打120急救电话，迅速将其送往医院诊治。

胰腺损伤

胰腺的位置

胰腺位于腹腔最深处，横行于十二指肠弯曲部与脾门之间，是一个狭长、柔软的浅黄色组织，前方是胃，左侧有脾脏，右侧有十二指肠，后方有主动脉、腔静脉等，由于胰腺周围器官多，发生胰腺损伤时多发生其他脏器损伤。

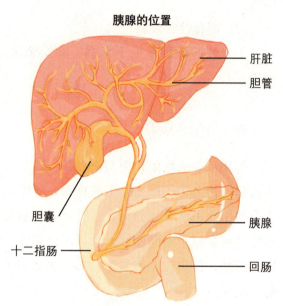

胰腺的位置

肝脏
胆管
胆囊
十二指肠
胰腺
回肠

胰腺损伤的原因

胰腺损伤多由交通意外和腹部穿透伤造成，占腹部损伤的1%～2%。近些年来由于交通事故增多，胰腺损伤有增多趋势。

胰腺损伤的分类

胰腺损伤可分为闭合性和穿透性两大类。

1.闭合性胰腺损伤

闭合性胰腺损伤是指钝性暴力作用于上腹部，如发生交通事故时的方向盘伤或坐带伤，或其他导致上腹部伤的原因，如高处坠落，上腹部抵于突起硬物上，突发暴力将胰腺挤压、撞击到脊柱上，造成损伤。

2.穿透性胰腺损伤

穿透性胰腺损伤常由枪弹或锐器等造成。

胰腺损伤的表现

胰腺损伤的症状出现迟缓，无特异性，有的损伤患者于脐周或左腰部出现青紫征，考虑由腹膜后出血导致，可以是表现之一。进行性腹胀是胰腺损伤的较有意义的表现。

胰腺损伤的处理

①在维持伤者生命体征平稳的同时，迅速将其送往医院诊治。

②保持伤者气道通畅、呼吸平稳，使呼吸、血压、心率维持较平稳状态。

胰腺损伤的预防

①避免打架、斗殴。

②应注意加强自身安全意识，防止意外发生。

胃损伤

胃的位置

胃位于左上腹部，上端有贲门与食管相连，下端由幽门与十二指肠相通，胃借着腹膜与周围脏器连接，所以胃具有较灵活的活动度。正常人的胃呈囊袋状，胃壁厚，柔韧性好同时受到肋弓的保护，并具有可移动性，胃发生钝性伤的可能性较小。

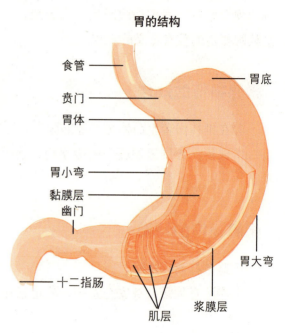

胃的结构

食管 / 贲门 / 胃体 / 胃小弯 / 黏膜层 / 幽门 / 十二指肠 / 胃底 / 胃大弯 / 肌层 / 浆膜层

胃损伤的原因

同腹腔内实质脏器损伤一样，胃的损伤也分为锐器伤（穿透伤）和钝性损伤，同时胃经食道口与外界相通，容易发生误吸性损伤。

胃损伤的分类

1.穿透性胃损伤

穿透性胃损伤包括刀戳伤、枪弹伤等。这类损伤可在胃壁上留下大小不等的穿孔，一般情况下其他器官也会受到损伤，如肝脏、脾脏等，甚至可以合并胸外伤。

2.钝性胃损伤

钝性胃损伤包括钝物打击、跌伤等。在胃膨胀时胃容易出现损伤，就像气球一样，在气球未充满时柔韧性良好，当气球充满气时容易发生破裂。

3.误吸性损伤

当剧烈运动后，猛然饮用大量碳酸饮料时，由于胃内大量积气，胃迅速膨胀容易发生胃破裂伤。

胃损伤的表现

胃损伤，使伤者可能出血或休克，表现为腹痛、拒按、腹肌强直等。如饱食后胃破裂，食糜将强烈刺激腹膜，发生剧烈腹痛，腹部压痛，腹肌强直如木板，当呕出物有血时，应可作为胃损伤的有力证据。剧烈运动后，突然饮用大量碳酸饮料后突发腹痛等，应警惕胃破裂。针对上腹部受伤的情况，伤者出现腹部压痛、腹肌强直如木板等情况时，应考虑胃损伤的可能。

胃损伤的处理

①胃损伤将导致严重的腹腔内感染，应迅速将伤者送到医院。

②在事故现场，在常规的抢救措施同时，应保持伤者生命体征平稳，使伤者保持半卧位，迅速到医院就诊。

胃损伤的预防

①避免打架、斗殴。

②禁忌暴食，或暴食后剧烈活动，或剧烈运动后暴饮碳酸饮料导致胃部胀满，胃发生自发性爆裂等。

十二指肠损伤

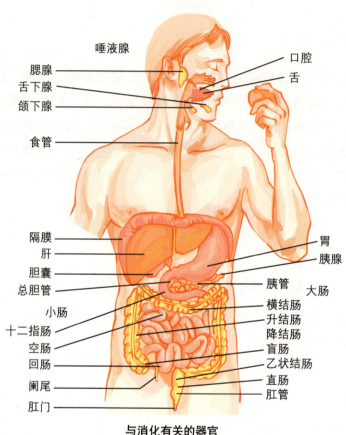

唾液腺

腮腺
舌下腺
颌下腺

食管

口腔
舌

隔膜
肝
胆囊
总胆管
小肠
十二指肠
空肠
回肠
阑尾
肛门

胃
胰腺
胰管   大肠
横结肠
升结肠
降结肠
盲肠
乙状结肠
直肠
肛管

与消化有关的器官

十二指肠的位置

十二指肠与胰腺相邻，是腹腔内深在器官。相对于实质性器官，空腔器官发生损伤的机会较小，但是十二指肠是接收胆汁和胰液的主要部分，十分重要，一旦发生损伤后死亡率极高，可达25%~30%。

十二指肠损伤的原因

十二指肠作为空腔器官，如果受到非穿透伤，则是受到强烈暴力作用的结果，可由于腹部受到强烈的挤压或捻伤导致十二指肠损伤，同时多伴有邻近脏器受损。通常由于十二指肠受到外力挤压于腰椎体上受伤，或是十二指肠受到暴力时肠腔压力突然增高，导致破裂所致。

十二指肠损伤的表现

十二指肠破裂表现为腹痛、腹肌强直等，但有伤者早期症状可能不明显，一段时间后可能觉得腰背痛或右上腹痛逐渐加重等。一般来说，腹胀为十二指肠损伤的突出特点。

十二指肠损伤的处理

①十二指肠损伤患者的死亡率较高，应及时将伤者送到医院。
②在常规的抢救措施时，使伤者保持半卧位。

十二指肠损伤的预防

十二指肠与胃紧紧相连，损伤的预防与胃损伤的预防一致。

小肠损伤

·小·肠的位置

小肠长3~5米，占据着中下腹的大部分空间。发生小肠损伤的可能性非常大，小肠靠系膜固定于腹后壁，活动度比较大。我们饥饿时，腹部出现"咕咕"的声音，就是由小肠发出的肠鸣音所致，可以在中下腹部位听到。

·小·肠损伤的分类

小肠是空腔器官，同胃和十二指肠一样，小肠损伤可分为开放性和闭合性两大类。

1.开放性小肠损伤

开放性小肠损伤多为刀戳伤、枪弹伤等。

2.闭合性小肠损伤

闭合性小肠损伤包括撞伤、跌伤、挤压伤等。这类损伤的原因可分为直接暴力伤和间接暴力伤两大类。

（1）直接暴力伤

这类损伤是指暴力直接作用于肠管，挤压等导致肠管撕裂，或迅速膨胀导致压力增高破裂。

（2）间接暴力伤

这类损伤是指伤者高处掉落，肠管受到强烈的震动发生活动，超出其活动范围，导致损伤的发生。

·小·肠损伤的表现

中下腹部疼痛应警惕小肠损伤的可能。有明显创口，发生疼痛是小肠损伤的最主要症状，且疼痛最剧烈部位往往是受伤部位，但是要明确

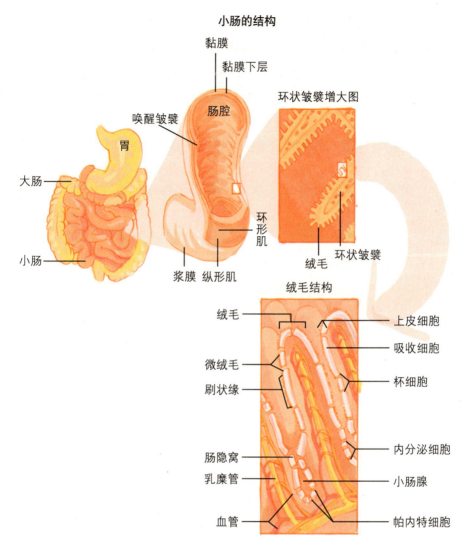

小肠的结构

黏膜

黏膜下层

肠腔

环状皱襞增大图

唤醒皱襞

胃

大肠

小肠

环形肌

浆膜　纵形肌

绒毛

环状皱襞

绒毛结构

绒毛

上皮细胞

吸收细胞

微绒毛

刷状缘

杯细胞

肠隐窝

内分泌细胞

乳糜管

小肠腺

血管

帕内特细胞

疼痛是腹壁疼痛还是真正的腹痛。当发生肠道非穿透性损伤，早期由于缺乏特异性的表现，容易被忽视。

小肠损伤的处理

①小肠损伤多需要手术探查治疗，针对明显的开放性损伤，受伤后，伤者立即停止活动，平卧，同时使创口远离地面或其他可能导致污染的区域，防止发生进一步污染。

②如果发现有致伤物（如玻璃、刀片等）存留在体内，不要将其拔除，防止发生致命性大出血，同时要将致伤物妥善固定，防止加重损伤。

③如果创口周围未发现致伤物，应将创口包扎。

④如果创口大，并伴有肠管脱出，应用盆等将创口罩住后包扎；如果伤口较小，则可进行普通包扎，包扎时不要过松。

⑤密切关注伤者生命体征变化，如口唇颜色、指甲颜色或意识状态等。迅速拨打120急救电话，将伤者送至医院治疗。

·小·肠损伤的预防

青少年应加强自身安全意识，防止发生意外等。

结肠损伤

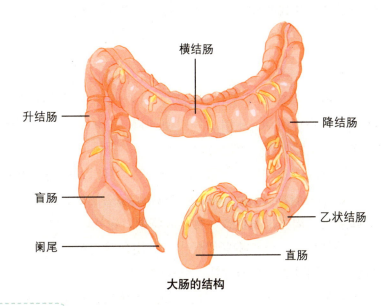

大肠的结构

结肠的位置

结肠长1.5～2米，腹腔内可以想象为结肠包绕着小肠，从右侧腹腔开始逐渐延长，一直到肛门为止。

结肠损伤的分类

结肠损伤分为开放性损伤和闭合性损伤两大类。由于结肠壁薄，受伤后发生破裂的机会多，结肠内含粪便等，内容物细菌含量多，损伤后感染严重。

结肠损伤的表现

1.开放性结肠损伤

结肠开放性损伤后，可见明显的伤道、出血、粪便等，不难发现，比较典型。

2.闭合性结肠损伤

结肠闭合性损伤由于结肠内容物水分少，腹痛不明显，多不易发现，但由于多合并其他损伤，多于入院后可明确诊断。

结肠损伤的处理

①结肠损伤多需要手术探查治疗，针对明显的开放性损伤，受伤后，伤者立即停止活动，平卧，同时使创口远离地面或其他可能导致污染的区域，防止发生进一步污染。

②如果发现有致伤物（如玻璃、刀片等）存留在体内，不要将其拔除，防止发生致命性大出血，同时要将致伤物妥善固定，防止加重损伤。

③如果创口周围未发现致伤物，应将创口包扎。

④如果创口大，并伴有肠管脱出，可用盆等将创口罩住后包扎；如果伤口较小，则可进行普通包扎，包扎时不要过松。

⑤密切关注伤者生命体征变化，如口唇颜色、指甲颜色或意识状态等。迅速拨打120急救电话，将伤者送至医院治疗。

结肠损伤的预防

青少年应加强自身安全意识，防止发生意外等。

腹壁损伤

腹壁损伤

什么是腹壁损伤

　　单纯的腹壁损伤是指损伤未到达腹腔内，致伤物仅到达腹壁，造成腹壁的切伤或擦伤等，仅造成局部皮肤破损、出血、疼痛，未造成腹腔内如肝脏等脏器及胃等的损伤。

腹壁损伤的原因

1.锐器伤

这类伤包括刀伤、枪弹擦伤等。

2.外力伤

这类伤是由伤者在奔跑中跌倒等导致腹部着地发生擦伤等。

腹壁损伤的表现

腹部损伤可明显表现为皮肤破损，伴有周围皮肤颜色发红、肿胀、……者可出现出血等表现。这类损伤的创口一般较……物流出，仅可表现为腹痛等。

……的创口应及时应用过氧化氢冲洗切口。如果伤口较浅，可用创可贴将创口贴上，定期换药；如果创口较深，应及时到医院进行缝合，对症处理。

预防

①加强自身安全意识，在运动中加强个人保护。
②遵纪守法，不打架、斗殴等。